EDIFICARÉ
MI IGLESIA

EDIFICARÉ
MI IGLESIA

MELVIN L. HODGES

La misión de Editorial Vida es ser la compañía líder en satisfacer las necesidades de las personas con recursos cuyo contenido glorifique al Señor Jesucristo y promueva principios bíblicos.

EDIFICARÉ MI IGLESIA
Edición en español publicada por
Editorial Vida – 1975
Miami, Florida

ISBN: 978-0-8297-0544-7

CATEGORÍA: Iglesia cristiana / Crecimiento

IMPRESO EN ESTADOS UNIDOS DE AMÉRICA
PRINTED IN THE UNITED STATES OF AMERICA

13 14 15 16 ❖ 18 17 16 15 14

*A los abnegados siervos de Dios y
ministros de Jesucristo, mis compañeros en la magna labor de establecer
la Iglesia de Jesucristo en la América Latina, dedico estas páginas.*

MELVIN L. HODGES

CONTENIDO

PROLOGO

La materia de la presente obra fue desarrollada primeramente en conferencias dictadas por el autor en reuniones especiales de ministros en varios países de la América Central. Numerosas personas expresaron el deseo que se le diera una forma más permanente, de modo que se publicó por primera vez en notas para estudio en un folleto titulado, "La Iglesia Nacional", impreso por la Librería Betel, Santa Ana, El Salvador. En la presente obra se han ampliado las notas, dando las explicaciones correspondientes con el fin de hacer el tema más comprensivo y amplio.

En la preparación de este libro, se ha tenido en cuenta especialmente la necesidad de pastores y estudiantes ministeriales. Las ideas presentadas son primeramente bíblicas, y luego prácticas, pues han sido probadas en el terreno de la experiencia.

El autor no pretende que las ideas aquí presentadas se originaron en su propia mente. Más bien, él ha tenido el privilegio de observar y aprender de sus compañeros, los pastores y los misioneros con quienes ha tenido la dicha de estar asociado en el ministerio evangélico, y gustosamente reconoce la deuda de gratitud con ellos contraída.

Se presenta esta edición en castellano al público evangélico con el deseo que sirva para inspiración y guía a los nobles edificadores de la Iglesia de Jesucristo en el mundo de habla española.

MLH

1

LA IGLESIA NACIONAL

"Edificaré mi iglesia y las puertas del infierno no prevalecerán contra ella."—JESÚS

Mateo 16:18

¿Por qué predicamos el evangelio? ¿Con qué fin predicamos y oramos, sacrificando nuestros bienes, nuestro tiempo y nuestras fuerzas? Nuestro blanco debe ser comprendido por todos — misioneros, pastores, maestros y miembros de la iglesia local — en fin, todos los participantes de la fe evangélica deben definir bien las finalidades de sus esfuerzos. A la primera vista la pregunta parece demasiado sencilla. Sin embargo, si la hiciésemos a pastores y misioneros evangélicos por todo el mundo ¡cuán distintas las respuestas que recibiríamos!

Sin duda algunos contestarían que su propósito es el de convertir a los paganos al cristianismo y mejorar sus condiciones sociales para que todos puedan disfrutar de mayor felicidad y salud. Otros dirían que su propósito es el de salvar a las almas. Y habría quienes explicarían que su blanco es el de testificar a toda criatura para así apresurar el retorno del Señor Jesucristo. Todos estos objetivos son dignos, pero ninguno es completamente adecuado. Entonces ¿cuál es el blanco verdadero?

Cristo anunció su propósito: "Edificaré mi iglesia." El apóstol Pablo declaró que Jesús "amó a la iglesia y se entregó por ella." El apóstol también describió sus propias labores y afirma que lo que él sufría lo sufría por la iglesia. (Col. 1:24.) No hay mejor blanco que el indicado en el Nuevo Testamento. Por tanto definimos nuestro objetivo como sigue: *Es nuestro propósito establecer una iglesia conforme al modelo presentado en el Nuevo Testamento.*

El blanco que proseguimos, y los medios que empleamos para alcanzar el blanco, están estrechamente relacionados. De modo que si no tenemos el blanco bien definido, posiblemente erraremos en la selección de los medios empleados y no lograremos el verdadero fruto de nuestras labores. Ni decirse tiene que para alcanzar el ideal de una iglesia neotestamentaria, tendremos que seguir los métodos neotestamentarios.

La importancia de tener el blanco bien definido se ilustra por el caso siguiente: Hace algunos años, unos misioneros fueron enviados a cierto país por un grupo de creyentes interesados principalmente en anunciar a Jesús como el Salvador a todo el mundo lo más pronto posible. Se basaban en las palabras de Jesús en que decía que el evangelio habría de ser predicado a todas las naciones por testimonio antes de su retorno. Impulsados por el ardiente deseo de apresurar el regreso de nuestro Señor y tomando en cuenta que esa gran comisión había de ser cumplida antes del Segundo Advenimiento, acordaron que los misioneros no deberían quedar en ninguna ciudad por un período largo, sino más bien, deberían andar de ciudad en ciudad y quedarse en cada lugar solamente lo suficiente para dar el testimonio de Jesús, el Salvador. Siguiendo este plan, los misioneros no se preocupaban mucho por conservar los resultados de sus esfuerzos. No se quedaban en un lugar el tiempo necesario para establecer una iglesia, ni para instruir a los nuevos creyentes para que pudiesen desarrollarse en las actividades que les correspondían.

El resultado de tal proceder era muy desanimador, pues después de años de esfuerzo muy pocos resultados permanentes quedaron. Habían predicado en muchas ciudades pero sin establecer iglesias. Habían pasado por alto la grande verdad que aunque el evangelizar es importante, el objetivo principal del evangelismo es la formación de la iglesia; es decir, de un pueblo llamado del mundo para gozar de una relación especial con el Señor Jesucristo. En el plan de Dios, la iglesia misma es el agente más poderoso para el evangelismo. Por fin, el grupo misionero al cual nos hemos referido, examinó la situación, vio el motivo de su fracaso, y adaptó sus métodos para alcanzar un nuevo objetivo: el establecimiento de la iglesia del Señor Jesucristo.

Cuando una Misión tiene como objetivo primario el mejoramiento social del pueblo, usualmente da mucha importancia al desarrollo de instituciones como colegios, hospitales, y proyectos agrícolas. Todo proyecto e institución que tiene por fin el mejoramiento del pueblo es digno de nuestro apoyo, pues es el deseo de todo cristiano verdadero ver el progreso de su patria en todo sentido.

Sin embargo, estos dignos proyectos son productos secundarios de la labor misionera y no el centro o razón fundamental de nuestras actividades, si es que tomamos el Nuevo Testamento como modelo. Al no entender esto claramente, estableceremos institucioens fuertes pero por regla general la iglesia misma quedará débil, sin el vigor necesario para hacer frente a una crisis, como la de una invasión comunista del país en que la iglesia queda privada de los fondos y ministros del extranjero. Tal iglesia, privada de la ayuda del extranjero con la cual se había acostumbrado a mantenerse, raras veces puede sostenerse sola. Solamente la iglesia que ha echado raíces en el suelo nacional como planta aclimatada a su propio ambiente podrá sobrevivir tales dificultades.

CUALIDADES CARACTERISTICAS DE LA IGLESIA NEOTESTAMENTARIA

Examinemos las características de esta iglesia neotestamentaria que proponemos establecer. Un estudio detallado y esmerado del libro de Los Hechos de los Apóstoles y de las epístolas de San Pablo nos revela los métodos empleados por los apóstoles y especialmente por el apóstol Pablo. Este último puede ser considerado como el misionero modelo. Dios le llamó a predicar en los países donde no se conocía el evangelio. De modo que dejó a Jerusalén y a Antioquía donde la iglesia estaba ya establecida y salió a Asia y Europa predicando el evangelio a los judíos y a los gentiles. Al entrar por primera vez en una ciudad, empezaba predicando el evangelio al público en general y después reunía a los convertidos en un lugar conveniente. A veces servía la casa de un nuevo creyente como el lugar de reunión para la iglesia naciente. Otras veces conseguía el uso de una sinagoga o de una escuela para ese fin. Los creyentes se congregaban a horas señaladas para adorar a Dios y recibir instrucción en la doctrina cristiana.

Al pasar el tiempo, ancianos y diáconos eran escogidos de entre el número para proveer la dirección y ministerio necesarios para la grey y para llevar a cabo la labor de la evangelización. Por ejemplo, el apóstol Pablo se quedó en Tesalónica solamente unas pocas semanas y sin embargo dejó una iglesia establecida en aquella ciudad. (Hechos 17:1, 2; 1 Tes. 1:1; 5:12.) Trabajó en Efeso, ciudad principal de Asia Menor, durante dos años enseñando en la escuela de uno, Tirano. Como resultado de su estancia allí, toda Asia (Menor) tuvo la oportunidad de escuchar el evangelio. Su discurso de despedida a los ancianos de Efeso (Hechos 20:18-35) revela admirablemente la relación que debe existir entre un misionero y una iglesia que ha fundado.

El apóstol solía quedar por un tiempo limitado en una ciudad o región, pero cuando partía del lugar dejaba una iglesia organizada que podía mantenerse y activarse en la propagación del evangelio sin más ayuda de afuera que una visita o carta del apóstol. Evidentemente el apóstol Pablo no creía que fuera necesario pedir que las iglesias en Jerusalén y Antioquía le enviasen ministros para llenar los pastorados de las iglesias que él había establecido. Tampoco encontramos un solo caso de que pidiera ayuda monetaria de las iglesias de Antioquía o de Jerusalén para el sostén de los pastores o para la construcción de edificios para las nuevas iglesias. Descubrimos que en una ocasión el apóstol reunió ofrendas de las iglesias nuevas para socorrer a la iglesia madre en Jerusalén cuando aquella región fue azotada por el hambre. ¡Qué comentario más elocuente de la eficacia de los métodos neotestamentarios! ¡Y cuán lejos nos hemos desviado de ese ideal por seguir métodos modernos!

Vemos, pues, que la iglesia neotestamentaria era primeramente una iglesia que se propagaba a sí misma; es decir, tenía dentro de sí la vitalidad suficiente para poder extenderse por toda la región y también evangelizar a los distritos vecinos. En segundo lugar, se gobernaba a sí misma; es decir, era gobernada por hombres capacitados por el Espíritu Santo — hombres escogidos de entre los convertidos de la misma iglesia. En tercer lugar, era una iglesia que se sostenía de por sí; es decir, no tenía que depender de ayuda monetaria del extranjero para poder sufragar los gastos de la obra.

Creemos que en cierto sentido la iglesia neotestamentaria era una iglesia "nacional" o "criolla" del país donde se establecía. En este mismo sentido, deseamos el desarrollo de una iglesia "nacional" en nuestro territorio de tal manera que echará sus propias raíces en el país y podrá florecer sin necesidad de depender desmedidamente de fondos y obreros del extranjero. Creo, sin embargo, que esta declaración merece ser aclarada. Al decir que deseamos una iglesia nacional establecida en el país, no nos proponemos establecer una iglesia *nacionalista* en el sentido que solamente los ciudadanos del país puedan gozar de sus beneficios y participar de sus actividades, y que todo extranjero sea excluido; sino más bien, queremos decir que la iglesia no debe depender del extranjero en cuanto a ministros y fondos.

A nuestro parecer un espíritu nacionalista con tendencias a excluir a creyentes y ministros de otras nacionalidades, no concuerda con el espíritu de Cristo. Los cristianos de hoy no deben permitir que el espíritu nacionalista influya en ellos hasta olvidar que en el cuerpo de Cristo no hay diferencia entre el judío y el gentil y que el amor de Jesucristo no conoce fronteras nacionales.

Tomando en cuenta que las iglesias de la época apostólica no dependían del extranjero, sino les bastaban sus propios recursos locales, ¿qué se diría hoy de una iglesia que forzosamente tiene que depender de la ayuda del extranjero para poder existir? Es bien sabido que hay iglesias en los campos misioneros que después de veinte años de existencia, todavía no pueden sostener a sus propios pastores. Hemos sabido de una iglesia que después de decenios de existencia, se encontró en la necesidad de apelar a la Misión de su denominación para que se le enviara otro pastor misionero cuando el saliente tuvo que dejar la obra a causa de las debilidades de la vejez. Parece evidente que tal proceder está muy lejos del ejemplo apostólico.

¡Otra pregunta todavía más escudriñadora! ¿En qué circunstancia se encontraría nuestra obra si la Misión, que hasta ahora nos ha dado su apoyo, por motivo de alguna emergencia se encontrara en la necesidad de retirar sus misioneros y los fondos que hasta ahora hemos recibido? ¿Sería ello un golpe mortal a nuestras iglesias? o ¿podrían sobrevivir en tales circunstancias? No es netamente una pregunta teórica, puesto que en años recientes varios países han cerrado sus puertas al trabajo del misionero y las iglesias han sido privadas de los fondos del extranjero. En cierto país, una de las misiones pasó por una crisis financiera, y tuvo que reducir radicalmente el sostén de sus pastores. Esto dio por resultado que varios pastores no encontraron los medios de sostenerse y tuvieron que dejar su iglesia y buscar empleo en el comercio. Todo esto dio como resultado capillas abandonadas y congregaciones dispersas y en muchas localidades la iglesia dejó de existir. En tal caso, la conclusión es casi inevitable de que algo hacía falta en la vida de aquella iglesia. Seguramente podemos afirmar que Dios no desea que la iglesia de ningún país dependa de una misión extranjera a tal grado que cuando su ayuda es quitada, la iglesia nueva se debilita y muere.

ES POSIBLE ALCANZAR EL BLANCO

Podemos tener plena seguridad que el ideal de una iglesia conforme al modelo de la del Nuevo Testamento es práctico y realizable en la actualidad. Esto es posible porque el evangelio no ha cambiado. Servimos al mismo Dios que los apóstoles sirvieron y el Espíritu Santo también está con nosotros como estaba con al iglesia apostólica. No proponemos, ni deseamos, introducir un plan o sistema nuevo. Lo único en que insistimos es que la iglesia de hoy ostente las características del modelo apostólico. Creemos que esto es posible puesto que el evangelio tiene una misión universal y es adaptable a todo clima y raza y a cada nivel social y económico.

Si nuestra prédica y nuestra práctica son neotestamentarias, producirán una iglesia neotestamentaria en cualquier lugar donde predicamos. Los habitantes de cualquier país pueden ser convertidos por el poder del evangelio y revestidos del Espíritu Santo y así capacitados a llevar a cabo la obra de la iglesia. Dios mismo ha diseñado el evangelio de tal manera que llena la necesidad del africano, del chino, y del indio. De modo que en todo lugar de la tierra donde la semilla del evangelio es sembrada legítimamente, se producirá una iglesia nativa y neotestamentaria. El Espíritu Santo obra con igual facilidad en un país como en otro. El suponer que una iglesia nueva en cualquier región debe quedar siempre bajo el cuidado de una Misión que provea para todas sus necesidades, es un insulto inconsciente al pueblo que deseamos servir, y al mismo tiempo es evidencia de que nos hace falta fe en Dios y en el poder de su evangelio.

PREGUNTAS

1. ¿Cuál es el objetivo supremo de predicar el evangelio?

2. ¿Por qué es deficiente el evangelismo que no procura establecer iglesias locales?

3. ¿Cuál era el plan de trabajo establecido por el apóstol Pablo en sus labores misioneras?

4. Nómbrense tres importantes aspectos de la iglesia neo-testamentaria.

5. Explique la diferencia entre el término "iglesia nacional" como lo usa el autor y una "iglesia nacionalista".

6. ¿Por qué no conviene a una iglesia depender de ayuda del extranjero?

7. ¿Qué razones hay para creer que una iglesia neotesta-mentaria puede ser establecida en todos los países del mundo?

2

PROPAGACION

Una iglesia local es el medio divino para la evangelización del territorio en su derredor. Aunque Dios ha dado a ciertos varones el don especial de evangelista, sin embargo la tarea de ganar las almas para Cristo no está limitada a aquellos pocos hombres. Cada cristiano es un testigo de Cristo y cada creyente debe ganar a las almas para el reino de Dios. Como en el mundo natural, donde hay vida, también existe el poder de reproducir aquella vida. De igual manera si nosotros hemos recibido la vida del Hijo de Dios, tendremos también el deseo de reproducir la vida de Cristo en otros. Nos dicen que en los días del gran avivamiento en la iglesia de Corea, que antes de recibir las aguas bautismales, el converso nuevo tenía que ganar a otro para Cristo como prueba de la realidad de su propia conversión. Una iglesia que sabe evangelizar será una iglesia creciente aunque le falte un ministro elocuente en el púlpito, y en cambio, un predicador por elocuente que sea, será incapaz de hacer el trabajo que corresponde a los miembros. Cada iglesia tiene una responsabilidad para la evangelización de todo el mundo, pero de una manera especial es responsable por el territorio en su derredor — cuando menos hasta la mitad de la distancia a la próxima iglesia.

IGLESIAS FILIALES

El ministerio del pastor no debe ser limitado a lo que puede hacer dentro del edificio de la iglesia. Muchas veces creemos equivocadamente que los inconversos son los que deben llegar a la iglesia; cuando en realidad es la iglesia la que tiene la responsabilidad de llevar el evangelio a los inconversos. Jesús dijo a sus discípulos: "Id por todo el mundo." Los servicios en la iglesia le dan al pastor una oportunidad de fortalecer a los creyentes y animarles a llevar a cabo la obra de evangelización por los alrededores. El pastor mismo debe predicar el evangelio en los pueblos y las aldeas cercanas. Esto no se debe hacer de una manera inconsecuente, sino sistemáticamente. A la medida que se presenten las oportunidades, el pastor debe establecer cultos de predicación y clases de Escuela Dominical en las casas o en otro lugar conveniente esperando que Dios salve a las almas y que se forme un nuevo grupo de creyentes.

El pastor debe activarse en evangelizar, y él mismo debe enseñar a su congregación cómo llevar a cabo este trabajo importante. Pero al mismo tiempo, no se debe esperar que él lo haga todo. Cada iglesia debe escoger de entre sus miembros los más capaces y fieles para servir como obreros laicos. En América Central nuestras iglesias acostumbran dar un certificado válido por seis meses a estos obreros laicos. Este certificado consta ante las autoridades y el público que el obrero ha sido autorizado por la iglesia a desempeñar sus actividades.

La junta oficial de la iglesia asigna a cada obrero laico su lugar de predicación. Los diáconos pueden servir como obreros laicos si las circunstancias los permiten, pero se debe entender que la iglesia puede nombrar a otros miembros además de los diáconos. Los maestros de la Escuela Dominical de la iglesia principal pueden prestar una ayuda valiosa formando clases de niños y adultos en el nuevo local. Las hermanas de la iglesia y los miembros de la Sociedad Juvenil pueden poner su parte con un testimonio o un canto.

Se debe recordar que tanto el lugar de la predicación como el obrero laico encargado quedan bajo la administración del pastor y la junta oficial de la iglesia principal. Los obreros locales no deben considerarse independientes del gobierno de la iglesia. Los certificados para obreros laicos son otorgados por la iglesia y no por la organización nacional y por tanto queda claramente indicado que el obrero laico está sujeto a la autoridad de su pastor y de la iglesia principal.

Los conversos en los nuevos lugares de predicación necesitarán recibir instrucción para prepararse para el bautismo en agua.* Si el punto de predicación queda cerca de la iglesia matriz, los convertidos recibirán su instrucción allí, pero si la distancia es mucha, será necesario proveerles

---

* En la página 94 se encontrara un modelo del "Reglamento Local" que servirá de guía para esta clase de instrucción.

la instrucción en su misma localidad, tal vez por medio del mismo obrero encargado.

Pasando el tiempo, el grupo nuevo puede desarrollarse en una iglesia. Para organizar el grupo nuevo como una iglesia, el obrero laico debe consultar con su pastor, el cual también tendrá que consultar con las autoridades regionales de la obra. Es posible que al organizar la nueva iglesia, los miembros deseen que el obrero laico que les ha servido y les ha llevado al conocimiento de Cristo, siga sirviéndoles como pastor. Si tal arreglo es bien recibido por todos, se requerirá instrucción especial para el obrero nuevo.

La iglesia principal debe dar oportunidad por lo menos una vez al mes a los obreros laicos a dar sus informes en los cultos, pues servirá esto de gran estímulo. También debe proveer clases de instrucción para ellos a fin de que puedan desarrollar su capacidad ministerial.

INSTRUCCION PARA OBREROS

El seguir este sistema práctico de evangelización resultará en que el pastor tendrá siempre un grupo entusiasta de obreros laicos. Muchos de ellos no se desarrollarán más allá de la esfera de un obrero laico pero otros pueden llegar a ser ministros del evangelio. Esto impone al pastor una obligación seria. Cada pastor desea ver que su obra prospere y naturalmente quisiera retener a estos nuevos obreros en el seno de su propia iglesia. Algunos pastores desean ver el desarrollo de obreros mientras ellos siguen ayudando a la congregación central, pero tan pronto como el obrero principie a buscar el desarrollo de su propio ministerio, en lugar de animarle le ponen obstáculo. Los pastores deben manifestar un espíritu verdaderamente misionero. Es más bienaventurado dar que recibir. El pámpano que produce el fruto es el que recibe la bendición del labrador. Aquellos que no producen frutos serán quitados y echados al fuego.

Con mucho interés he observado durante varios años el desarrollo de una iglesia en El Salvador que siempre ha mantenido un buen grupo de obreros laicos. Aunque esta iglesia nunca ha tenido una feligresía de más de cien miembros, sin embargo ha sido una verdadera bendición a toda la comunidad y al país entero. Varias veces ya, grupos nuevos se han formado y han principiado una nueva congregación a pocos kilómetros de distancia. Por regla general se mantiene un número de ocho a diez obreros laicos y todos los años esta iglesia envía a algunos de ellos al Instituto Bíblico.

Con el paso de los años, esta iglesia ha producido cuando menos treinta pastores, los cuales actualmente trabajan en la obra del Señor. A la vez, la iglesia ha podido mantenerse en un estado saludable de crecimiento. El espíritu evangelístico caracteriza a esta iglesia y a la medida que unos van al Instituto para prepararse para la obra de Dios, otros toman su lugar y llenan el vacío.

El apóstol Pablo encargó a Timoteo que se esforzara a enseñar a tales creyentes: "Y lo que has oído de mí entre muchos testigos, esto encarga a hombres fieles que serán idóneos para enseñar también a otros." 2 Timoteo 2:2. ¿Cómo puede el pastor proveer la enseñanza necesaria para los obreros laicos? Una clase semanal para predicadores principiantes será de gran ayuda. Se puede empezar con un curso sobre el evangelismo personal. Luego se pueden seguir los estudios enseñándoles a hacer bosquejos sencillos para sus mensajes. También deben recibir estudios doctrinales para enriquecer su conocimiento bíblico. Lo más importante de todo serán sus instrucciones sobre la manera de enseñar a los nuevos convertidos.

Se les debe enseñar a los obreros cómo instruir a un convertido nuevo en los puntos fundamentales de la doctrina y de la conducta de un creyente para que éste esté bien fundado en la Palabra de Dios. Esto es de mucha importancia, pues hay predicadores que pueden predicar sermones bien trazados pero que son ineptos para colocar el fundamento sencillo y básico para una iglesia nueva.

Además de una clase para predicadores principiantes, sugerimos que el pastor consiga la ayuda de otros pastores o de misioneros para iniciar un curso breve de instrucciones para obreros laicos. En un distrito rural será necesario que el curso se celebre en un tiempo adecuado cuando los agricultores se encuentren un poco desahogados en cuanto a su trabajo. Por regla general, dos o tres ministros deben cooperar en el curso de enseñanza.

El curso breve puede durar dos o tres semanas con clases de enseñanza durante el día como si fuera un Instituto Bíblico. Estos estudios serán de la misma índole que los que el pastor ha enseñado en su clase semanal. Tal vez se añadirá un estudio sobre la Escuela Dominical u otro tema apropiado. Durante los días del curso, los obreros podrán iniciar una campaña de evangelización por medio de la distribución de literatura evangélica y de trabajo personal. Los servicios por la noche pueden ser de carácter evangelístico. Posiblemente varias iglesias podrán unir sus esfuerzos para este curso de instrucción. Las iglesias podrán cooperar con ofrendas y víveres para el sostén de los alumnos. Según nuestro concepto, tales cursos proveen una manera excelente de estimular la obra en un distrito, pues de esta forma los funcionarios de la iglesia, los maestros de la Escuela Dominical, y los obreros laicos aprenden a participar activamente en la evangelización de los inconversos.

Cuando se ve en un obrero los indicios de la vocación ministerial, es bueno que él reciba instrucción en un Instituto Bíblico durante dos o tres años. No es imposible que un obrero desarrolle un ministerio bendecido sin haber estudiado en un Instituto Bíblico, pero sin duda aprenderá más rápidamente y evitará muchos errores si puede disfrutar de la instrucción de maestros preparados y espirituales.

La preparación del obrero, por regla general, debe incluir el ejercicio práctico del ministerio. Hemos visto que es mejor que un estudiante que no haya tenido experiencia en el ministerio interrumpa su curso de estudios después de uno o dos años para poner en práctica las cosas aprendidas, más bien que seguir sus estudios durante tres años sin interrupción. Su propia vida será enriquecida por la experiencia práctica y además volverá a sus estudios con nuevo deseo y aprecio, puesto que su experiencia en el campo de acción habrá hecho resaltar su falta de conocimiento en la Palabra de Dios y en los problemas de la iglesia. Así que volverá a estudiar con nuevo entusiasmo y propósito. Esto también evita que el estudiante predique sólo teóricamente. La experiencia en el campo de acción es una escuela inmejorable para el que quiere ser ministro del evangelio.

EL MINISTERIO DE EVANGELISTA

Un aspecto importante de la propagación de la iglesia es el ministerio de los evangelistas. El verdadero evangelista es el que tiene una vocación de parte de Dios para atraer almas a Cristo. Puede ser que a veces celebre campañas de evangelismo en las iglesias establecidas con el fin de animar a la iglesia y ganar a los inconversos, pero se debe entender que su ministerio principal será en los campos nuevos. La campaña evangelística de Felipe en Samaria (Los Hechos 8) sirve como ejemplo de la labor de un evangelista. El objetivo de su ministerio no es simplemente el de ganar conversos nuevos, sino de establecer una iglesia.

El evangelista no debe entrar a un campo nuevo y ganar almas para el Señor y luego dejar a los nuevos creyentes sin pastor y sin cuidado a morir por falta de alimento espiritual, o a ser devorados como corderos indefensos por los lobos que siempre abundan; más bien debe proveer para la continuación de la obra. He aquí algunas ideas y métodos para guiar al evangelista en su labor:

Algunos evangelistas principian preparando el terreno para el establecimiento de una iglesia por medio del trabajo personal y la distribución de literatura evangélica de casa en casa. Ellos ven la ventaja de ganar la simpatía y la confianza del pueblo antes de dar comienzo a los cultos públicos. Este método es de valor especial en los lugares donde el prejuicio religioso y el fanatismo maldisponen el ánimo del pueblo en contra del evangelio. Debemos recordar que no es necesario siempre conseguir un edificio o alquilar un salón para poder empezar los servicios. Muchas veces es mejor principiar servicios de predicación en casas particulares o al aire libre, cuando la autoridad civil así lo permite, más bien que en un salón propio.

Algunos evangelistas han obtenido muy buenos resultados celebrando su campaña de evangelización al aire libre. Empiezan por conseguir un solar o sitio bastante amplio en un lugar céntrico donde se instalan las luces, un alto parlante, y una plataforma provisional antes de anunciar las conferencias. En unos casos ni asientos se han podido suplir para los oyentes y sin embargo la gente ha quedado de pie durante varias horas escuchando la Palabra de Dios. Cuando el evangelista tiene la habilidad suficiente para llevar a cabo con éxito esta clase de campaña, varias ventajas resultan. No hay duda que muchos que no entrarían a una capilla protestante debido a prejuicio social o religioso, escucharán al aire libre.

Resulta también que los mismos nuevos convertidos pronto reconocerán la necesidad de tener un templo o capilla donde pueden congregarse y asumirán con mejor voluntad la responsabilidad de conseguir un lugar de reunión más permanente. Así que desde el principio se colocará el fundamento de una iglesia responsabilizada en el asunto del sostén propio. Personalmente tenemos conocimiento de varias iglesias que tuvieron su principio de esta manera.

A veces un evangelista da con un método muy propio y único para resolver los problemas de la evangelización de las ciudades de su región. Unos evangelistas africanos han desarrollado su propia estrategia que ha dado mucho éxito. Su plan es de reconcentrar sus esfuerzos primeramente en los centros poblados, especialmente las ciudades donde residen los jefes o caciques superiores. La experiencia les ha enseñado que cuando Dios da un verdadero triunfo en la ciudad principal de la tribu, luego es comparativamente fácil entrar en los pueblos y aldeas más pequeñas del territorio.

El evangelista y sus colaboradores primeramente se dedican a la oración para recibir dirección divina en cuanto a la ciudad que debe servir como base de operaciones. Dos o tres días antes de principiar su campaña unas treinta personas de las más espirituales de la iglesia central buscan a Dios con ayuno y oración. Cuando creen que la hora oportuna ha llegado, el evangelista con un grupo de obreros cristianos va a la ciudad donde se celebrará la campaña para hacer los preparativos necesarios para los servicios al aire libre. Muy temprano el día del domingo, centenares de creyentes de las iglesias vecinas llegan de todas direcciones. Al ver tantos creyentes llegar de todas partes y al oír sus cantos, una inmensa muchedumbre se acerca a darse cuenta de lo que está aconteciendo.

Uno de nuestros misioneros* que fue testigo ocular de estas campañas, relata sus impresiones: "Después de cantar dos o tres himnos, el evangelista anunció que desearía que el jefe, el cual

---

* Henry B. Garlock.

había llegado al servicio por invitación especial, oyese los testimonios de los hombres y las mujeres que habían sido libertados del pecado y la enfermedad".

LOS TESTIMONIOS CONVENCEN A LOS PAGANOS

"Cuando el evangelista dio lugar para los testimonios, inmediatamente hubo varios que deseaban aprovechar la oportunidad. El primero, según recuerdo, fue uno que antes había sido brujo. Contó como había practicado los ritos de su oficio y que había sido responsable por la muerte de muchas personas. Dijo además que muchas veces había estado bajo el control del poder de demonios y que había sido atormentado por espíritus malignos.

"Cuando los creyentes llegaron a su pueblo, al principio se les opuso y aún intentó hacerles mal por medio de la brujería, pero se encontró sin poder para dañarles por cuanto tenían el Espíritu de Dios en sus vidas. Al fin, convencido, confesó sus pecados y Dios maravillosamente le libró del poder de Satanás, sanando su cuerpo y llenándole del Espíritu Santo. Testificó en la presencia del cacique y del pueblo que Dios había hecho un milagro en él y que podría hacer lo mismo para todos.

"En seguida testificó una mujer que había sido sanada de un flujo de sangre. Había sufrido de esta enfermedad durante nueve años y había gastado todos sus recursos buscando alivio, pero en lugar de mejorarse, se había empeorado. Había estado paralizada de las piernas y solamente con suma dificultad podía arrastrarse de un lugar a otro. Ella también había oído las buenas nuevas de Jesús y su poder. Luego los creyentes habían orado por ella e instantáneamente Dios la había sanado. Después el Señor le dio un nene hermoso. Para el africano esto sería la mejor prueba de una sanidad completa.

"Después otro hombre se dirigió al jefe, contándole como Dios le había libertado de la ebriedad. Después de él, otra mujer contó como Dios la había sanado, habiendo sido víctima de la locura. Ella, como el gadareno, vivía entre las tumbas del cementerio, pero Dios la libertó y la restauró a su familia. De esta manera, hombres y mujeres dieron sus testimonios con convicción y poder. Los ojos del jefe y del pueblo estaban fijos en los que testificaban. Estos testimonios constituían una prueba palpable que Cristo de cierto es el mismo hoy como ayer."

LA COSECHA

"Después de un mensaje corto, el evangelista invitó a todos los que deseaban conocer a Cristo a que pasasen adelante. En poco tiempo hubo más de cuarenta personas que formaron un círculo al frente de la muchedumbre para manifestar su deseo de aceptar a Cristo como su Salvador. Incluida entre el número estaba la reina madre, quien renunció a su puesto para aceptar a Cristo. También el hermano del jefe tomó su decisión juntamente con muchos de los principales del pueblo. El evangelista les hizo arrodillarse y mientras él trataba individualmente con los que querían aceptar al Señor, los creyentes oraban fervientemente. Luego se hizo oración por los enfermos. Fue para mí una experiencia inolvidable el escuchar las oraciones de los que recientemente habían sido paganos, pero que ahora tenían el rostro iluminado con el gozo de la salvación.

"Cerca del mediodía regresamos a la ciudad pero el evangelista y sus ayudantes quedaron otros dos días para seguir con la cosecha espiritual."

SE ESTABLECE UNA IGLESIA NUEVA

"Después de dos días regresó el evangelista y visitó la casa del misionero. Nos dijo que la gente todavía continuaba renunciando a la idolatría y la brujería para servir a Dios. Ciento sesenta y seis adultos, además de muchos jóvenes, habían aceptado al Señor y ahora oraban para ser llenos del Espíritu Santo. Iban a principiar la construcción de un edificio para la iglesia casi inmediatamente.

"Yo quise saber qué provisión había hecho para el desarrollo espiritual de los nuevos convertidos. El me contestó que había designado a ciertos hombres principales del pueblo que habían aceptado al Señor, entre ellos el hermano del cacique de la tribu y el administrador de correos, y les había encomendado que reuniesen a los nuevos creyentes todos los días para un tiempo de culto y oración. Dijo que además había designado a ciertas señoras para que reuniesen a las mujeres para cantar, orar y leer la Biblia. También había escogido a creyentes de experiencia que vivían en los pueblos vecinos para que se encargasen de la instrucción de los nuevos convertidos. El evangelista mismo iba a seguir haciendo visitas a la ciudad en días señalados."

Hemos tenido noticias de otros evangelistas africanos quienes están siguiendo el mismo sistema y con mucho éxito.

Cuando se logra ganar un gran número de nuevos convertidos en una campaña evangelística, es absolutamente indispensable que se hagan preparativos esmerados y detallados para seguir la campaña con visitas al hogar, para estimular a los creyentes nuevos; porque si no, una gran parte de la cosecha se perderá. Es necesario anotar el nombre y la dirección de los nuevos convertidos y de los amigos interesados para poder visitarles personalmente después. Probablemente una de las mejores maneras de lograr esto es por repartir tarjetas en donde se puede apuntar el nombre y la dirección de la persona interesada. Naturalmente se debe ver que haya un número adecuado de creyentes y obreros presentes en una campaña grande para encargarse de estas visitas. Es probable que si la campaña se celebra en una ciudad donde no se ha predicado antes, será necesario animar a los creyentes de las iglesias vecinas a que estén presentes para prestar su ayuda.

Hay que entender que no es suficiente que los oyentes solamente levanten la mano en señal de aceptar a Cristo en un culto o campaña cuando todos se sienten conmovidos. Será necesario separar las personas interesadas de la muchedumbre para darles instrucción especial de día en día en clases para nuevos convertidos.

Si la campaña se celebra en una ciudad grande donde hay iglesias evangélicas, se debe poner a trabajar a los maestros de la Escuela Dominical, a los diáconos, a los obreros laicos; en fin, a todo creyente fiel. En una ocasión de gran avivamiento y bendición, una iglesia de cierta ciudad hizo un plano de toda la ciudad y sus alrededores. Dividió la ciudad en secciones y repartió la responsabilidad de cada sector entre los diáconos y miembros, encargándoles reunir a todos los interesados y convertidos nuevos en clases y cultos. El resultado de tal estrategia fue que inmediatamente se establecieron trece lugares nuevos de predicación. Al año, seis de estos puntos de predicación llegaron a ser iglesias establecidas con congregaciones nuevas.

De suma importancia es el impartir sana instrucción bíblica a los nuevos convertidos. Los que han sido conmovidos en una campaña necesitan encontrar una base sólida para su fe en la Palabra de Dios para poder resistir en la hora de prueba. (Véase "El Reglamento Local" en el apéndice, página 94.) Una visita al hogar de los nuevos convertidos servirá para animarles mucho. Este trabajo no debe estar limitado al pastor o a los diáconos, más bien cada miembro debe ser utilizado para lograr los mejores resultados. Tales días de cosecha espiritual se deben de aprovechar con toda diligencia para recoger la cosecha antes de que se pierda. (Véase apéndice B, página 122.)

En todo esto se debe recordar siempre que el elemento importante en la extensión de la obra de Cristo es la presencia y operación del Espíritu Santo. Es por el Espíritu Santo que las almas se convencen de su necesidad de la salvación. También el mismo Espíritu Santo es el que llama a los obreros y los envía a los campos blancos. Nosotros podemos avanzar solamente en la medida que el Espíritu Santo obra. Por tanto consideremos de primera importancia la necesidad de mantener un ambiente espiritual, porque sin él, no habrá éxito.

PREGUNTAS

1. ¿Quiénes son los responsables de ganar almas para Cristo?

2. ¿Cuáles son los pasos que el pastor debe dar para establecer puntos de predicación?

3. ¿Quiénes podrán ayudar al pastor en este trabajo?

4. ¿Bajo qué vigilancia trabaja el predicador laico?

5. ¿Cómo se logra la preparación de los nuevos convertidos para el bautismo en agua en un punto de predicación anexo a la iglesia central?

6. ¿Cómo se hará para dar instrucción especial a los obreros laicos?

7. Explíquense las ventajas para un obrero nuevo cuando puede estudiar en un Instituto Bíblico.

8. Explique el ministerio de un evangelista.

9. ¿Cómo puede un evangelista principiar su labor en un campo nuevo?

10. Explique las ventajas de empezar una campaña al aire libre.

11. ¿Por qué será necesario hacer planes para establecer contacto con los nuevos convertidos después de una gran campaña de evangelización?

12. ¿Qué pasos se deben dar para no perder la cosecha de almas?

3

GOBIERNO PROPIO

Hemos dicho ya que los tres fundamentos esenciales de una fuerte iglesia nacional son: la autopropagación (capacidad e iniciativa para extender la obra); el gobierno propio (desarrollo de ministros nativos capaces para dirigir la iglesia); y el sostén propio (la capacidad financiera para mantener la obra y extenderla.) El gobierno propio es muy vital e influye en todos los aspectos de la vida de la iglesia. Por tanto debemos colocar este fundamento desde el comienzo mismo de una iglesia. Examinaremos primeramente el gobierno propio en la esfera de la iglesia local.

Nos parece fuera de orden instituir una organización nacional o regional de la obra antes de que haya iglesias locales organizadas. En el primer siglo del cristianismo, las iglesias locales fueron organizadas desde el principio, (Los Hechos 6:1-6) pero pasaron muchos años antes de que se instituyera algo correspondiente a una organización para unir las iglesias locales. Por consiguiente, deducimos que la organización de iglesias individuales es el primer paso y es el fundamento para todo gobierno de la iglesia.

Debemos tener cuidado de no restar importancia a la iglesia local. Las iglesias locales representan la verdadera fuerza de una obra evangélica. En la medida que tengamos iglesias locales activas y bien organizadas, tendremos una obra fuerte; pero si no incorporamos a los convertidos en una iglesia, aunque haya un número grande de creyentes particulares, no habrá nunca una iglesia. El gobierno propio de la iglesia local ayuda a los creyentes a reconocer su responsabilidad. Cuando aceptan a Jesucristo, se despiertan a una nueva relación con Dios. Cuando se constituyen en iglesia, los convertidos se despiertan a una nueva relación con otros creyentes, los miembros compañeros en el cuerpo de Cristo. Este reconocimiento de responsabilidad da como resultado una unidad y celo para la obra, actitudes muy necesarias para alcanzar un espíritu de sacrificio de parte de la congregación. A su vez, el espíritu de sacrificio es un elemento esencial para lograr el sostén de la obra. ¿Qué pasos daremos entonces para establecer una iglesia local?

LA BASE DE COMUNION EN LA IGLESIA LOCAL

Para poder formar una iglesia, es preciso que haya una base de comunión y cooperación; es decir, algún acuerdo entre los miembros en cuanto a las doctrinas, los propósitos, y los métodos que se utilizarán para alcanzar sus finalidades. El profeta hace la pregunta: "¿Andarán dos juntos, si no estuvieren de concierto?" (Amós 3:3.) Es imposible que un grupo de creyentes anden juntos, unidos en entendimiento, y propósito sin tener algún concierto o acuerdo entre ellos. Aun aquellos grupos que rechazan constituciones y reglamentos y que no tienen ninguna lista de miembros, aún ellos tienen un entendimiento —aunque no escrito— en cuanto a sus creencias y la manera en que se llevarán a cabo sus actividades. Ellos saben bien quién es la autoridad de la iglesia y cuáles son las reglas de procedimiento.

Algunos dicen que la Biblia es su reglamento y el Espíritu Santo su guía. Bien, eso deseamos todos, pero es preciso saber cómo se interpreta la Biblia, y poder discernir si una persona es guiada verdaderamente por el Espíritu Santo y no por caprichos e ideas erróneas. Hay muchos que afirman que la Biblia es su guía pero las enseñanzas y prácticas de ellos no son correctas. Solamente una confusión desastrosa resultaría si siguiéramos cada idea y creencia de toda persona que profesa ser cristiana sin tener alguna norma por la cual pudiésemos juzgar la pureza de una doctrina o práctica.

Al formar una iglesia, los convertidos deben ser instruidos en la Palabra de Dios y en la vida del cristiano de tal manera que puedan llegar a un común acuerdo y declarar con certeza: "Esto es lo que creemos y esto es lo que predicamos." Debe haber un acuerdo completo en cuanto a las doctrinas fundamentales. El apóstol Pablo exhortó a los corintios: *"Que habléis todos una misma cosa,* y que no haya entre vosotros dissensiones, antes seáis perfectamente unidos en *una misma mente* y un mismo parecer."* (1 Corintios 1:10.)

Los creyentes tienen que llegar a un acuerdo con respecto a la doctrina para que todos hablen "una misma cosa" y deben tener un concepto uniforme en cuanto a lo que constituye la conducta cristiana para que todos sean "perfectamente unidos... en un mismo parecer." Necesariamente tienen que llegar a un mismo parecer con respecto a las doctrinas de la salvación, el pecado, el castigo futuro, el segundo advenimiento de Cristo, el sostén de la iglesia, y varias otras doctrinas fundamentales. Tienen que ser unidos en un mismo parecer con respecto a la actitud cristiana en cuanto a los vicios del licor y tabaco como también en cuanto a las diversiones populares como el baile, el teatro, el juego, etc., para que la iglesia pueda llevar en alto su testimonio limpio delante del mundo.

Además debe haber un entendimiento con respecto a los requisitos de la ley civil en cuanto al matrimonio y cómo esto afecta la admisión de miembros nuevos a la iglesia, como también un entendimiento en cuanto a cómo se va a tratar con un miembro que cae en el pecado y deshonra el nombre de Cristo y la iglesia. Jesucristo dijo a sus discípulos: "Id y *doctrinad* a todos los gentiles... enseñándoles..." (Mateo 28:19, 20.) Vemos, pues, que se principia la edificación y la organización de una iglesia poniendo por base la enseñanza bíblica.

En nuestra obra en la América Central, nuestras iglesias resolvieron esta dificultad mediante la publicación de un reglamento local para las iglesias afiliadas, el cual es un estudio de puntos fundamentales bíblicos y sirve como base de comunión. Representa un acuerdo entre los hermanos y las iglesias en cuanto a las doctrinas fundamentales y la norma de conducta para miembros y también la forma de proceder en una iglesia local. (Véase apéndice A.)

LOS MIEMBROS

La selección de los miembros constituyentes de una iglesia y la adición subsiguiente de nuevos miembros es algo que merece una vigilancia esmerada y la oración ferviente de parte del evangelista o del pastor encargado, además de toda la iglesia. Cuando un evangelista está luchando para establecer una iglesia nueva, es muy natural que desee toda la ayuda posible. Muchas veces sucede que hay personas en la vecindad que han oído el evangelio en otro pueblo o puede haber también pequeños grupos de miembros de otra iglesia evangélica que por un motivo u otro no están contentos con su propia iglesia y desean juntarse con el nuevo esfuerzo.

Motivado por el deseo legítimo de conseguir toda la ayuda posible para su nueva obra, el obrero puede sufrir la tentación de aceptar inmediatamente la ayuda que se le ofrece sin previo examen de los supuestos creyentes. Por regla general, al hacerlo así, sembrará las imiente de un fracaso futuro en su iglesia. No sólo toca el asunto a la ética cristiana en cuanto a lo correcto en recibir miembros disgustados de otra denominación, sino también pone en duda la prudencia del obrero que echa el fundamento para su futura iglesia usando material dudoso. Es mejor que el obrero se tome tiempo para cavar bien y edificar su casa sobre la roca. Seguramente requerirá más tiempo, pero el ministro tendrá el gozo de ver su obra firme cuando desciendan las lluvias.

El autor no desea hacer resaltar las diferencias entre las denominaciones evangélicas o excluir de la comunión cristiana a ningún hijo verdadero de Dios, pero es menester reconocer la necesidad de un acuerdo común entre los miembros de una iglesia en cuanto a doctrina y los ideales que proseguimos para que podamos trabajar unánime y armoniosamente en la iglesia. Creyentes con procedencia de otros grupos deben ser examinados con cuidado a fin de descubrir si defienden doctrinas equívocas. El admitir como miembros a personas con ideas erróneas con respecto al castigo futuro, el sábado, etcétera, dará como resultado el debilitamiento de la estructura espiritual de la iglesia. Debe haber, por ejemplo, un entendimiento bien definido acerca del sostén de la iglesia. Es posible que dichos creyentes no se sientan responsables en cuanto a pagar los diezmos, puesto que se han acostumbrado a que otros lleven la carga financiera de la obra y no ven la necesidad del sostén propio de la iglesia.

Posiblemente les falten ideas claras y maduras con respecto a la norma de santidad que la iglesia debe mantener. Si tales creyentes son recibidos como miembros activos de la nueva congregación, seguramente el pastor tendrá un conflicto más tarde cuando él principie a enseñar a los nuevos conversos con respecto a las normas y doctrinas bíblicas. Entonces el pastor se encontrará en apuros cuando el miembro que él recibió prematuramente principie a socavar el trabajo del mismo pastor y a oponerse a sus enseñanzas. Como creyente de más experiencia, el miembro contrariado puede ejercer una influencia sobre los nuevos conversos, de modo que si él les dice, por ejemplo, que no es necesario dar diezmos, bien puede suceder que él deshaga la labor del pastor en este particular. Además no verá la necesidad del ejercicio de la disciplina de un miembro desviado puesto que nunca ha sido enseñado con respecto a la importancia de este aspecto de la vida cristiana. Así que, sin ser intolerante y mezquino, es necesario que el pastor sepa seleccionar con cuidado las piedras de fundamento de su iglesia futura. Debe instruir a los futuros miembros en las verdades esenciales para el buen desarrollo de la iglesia, y solamente los que estén plenamente doctrinados deben ser admitidos como miembros activos de ella. Claro es que debe haber una tolerancia en cuanto a las diferencias de opiniones sobre interpretaciones particulares de puntos no fundamentales, pero al tratar de doctrinas y prácticas básicas de nuestra iglesia, no podemos menos que insistir que haya acuerdo completo.

En cuanto a la decisión sobre quienes podrán ser recibidos como miembros, el pastor o el evangelista no debe tomar tan importante decisión sin consultar con los demás. El pastor no es dueño de la iglesia y la decisión con respecto a los que serán recibidos como meimbros no debe ser su prerrogativa exclusiva. La iglesia la forman todos los creyentes y por tanto es de todos ellos. No se debe exigir que la iglesia acepte como miembro a uno que los hermanos no crean sincero, y por consiguiente, cuando un miembro deshonra la norma de la iglesia cometiendo un pecado, la iglesia es la que debe disciplinarlo en vez de ser ello la acción del pastor solamente. (Mateo 18:15, 17.) También ayuda en el desarrollo del ambiente de solidaridad y de responsabilidad si los miembros tienen la oportunidad de dar su aprobación en cuanto a los nuevos miembros.

Cuando una iglesia está en proceso de ser organizada, los convertidos pueden ser examinados por el pastor en cooperación con unos dos o tres de los miembros más estables y espirituales. Después de que la iglesia haya sido organizada, y los funcionarios elegidos, el deber de examinar a los nuevos conversos corresponderá al pastor en unión de los funcionarios elegidos para representar a la iglesia.

Habiendo llegado a un acuerdo en cuanto a la doctrina, los métodos de trabajo, y los objetivos de la iglesia, ésta, compuesta de los miembros cuyos nombres aparecen en la lista de miembros, principiará a ejercitar su autonomía por medio de sus decisiones y elecciones. La iglesia es autónoma en su esfera local y puede resolver sus propios problemas, mientras no infrinja los derechos o las prerrogativas de otra iglesia local o contravenga los principios aprobados por la unión de las iglesias, o sea, la organización nacional de las iglesias. La iglesia elige a sus propias autoridades. (Hechos 6:1, 6.) Las autoridades así elegidas, son responsables primeramente a Dios y luego a la congregación que las ha escogido.

LAS PRERROGATIVAS DE LOS FUNCIONARIOS

Hemos visto que la iglesia local debe elegir sus propios funcionarios. Ahora veremos la relación que debe existir entre pastor, diáconos, y miembros.

El pastor de una iglesia ocupa un puesto importante, y a veces difícil, en que está puesto por Dios como pastor de la grey, (1 Pedro 5:1, 4) pero a la misma vez es ministro que también sirve a su congregación. Ciertamente es llamado de Dios y al mismo tiempo, él ha sido escogido por el pueblo. Tiene una doble responsabilidad. Claro es que su primera responsabilidad es ante Dios, y si hay conflicto entre lo que él considera ser su deber a Dios con lo que el pueblo exige, entonces, como hombre de Dios, tiene que obedecer a Dios más bien que a los hombres. No obstante, es evidente que el pastor que no goza de la aprobación y apoyo moral de su congregación, no puede ministrar eficazmente. Una ilustración de este principio se ve en la vida de Moisés, que ciertamente fue llamado de Dios (Exodo 3:10), pero tuvo que ser recibido por los israelitas antes de que pudiera ser su dirigente espiritual. (Exodo 3:16; 4:29, 31).

Como pastor, él es la cabeza espiritual de la iglesia y tiene la responsabilidad de su bienestar (Hebreos 13:17). Además él encabeza la junta oficial. La junta oficial no debe considerarse con el derecho de actuar independientemente del pastor, ni debe reunirse secretamente para asuntos de negocio de la iglesia sin su conocimiento.

No obstante, la autoridad del pastor tiene sus límites. Por eso el apóstol Pedro amonesta a los pastores que no deben considerarse "como teniendo señorío sobre la heredad del Señor". El pastor es el ministro, o el siervo, de la iglesia y un ejemplo a los creyentes. Puesto que la iglesia elige a sus representantes oficiales para consultar con el pastor en los asuntos de la iglesia, éste no debe defraudar a su congregación pasado por alto dichos representantes, sin darles la consideración debida.

El pastor no tiene derecho de poner nuevos nombres en la lista de miembros, ni de borrar nombres de la lista a su gusto. Tampoco puede declarar vacante el puesto de un diácono sin el previo consentimiento de la iglesia, aunque en algún caso necesario, pudiera pedir que un diácono renunciara cuando éste no pudiera o no debiera seguir desempeñando su cargo. En otras palabras, el pastor no debe manifestar un espíritu de dictador en su dirección espiritual de la iglesia; más bien, debe establecer relaciones armoniosas y cooperativas con los miembros de la iglesia.

Al pastor le corresponde tomar la iniciativa de establecer estas relaciones armoniosas. Debe celebrar sesiones cada mes con la junta oficial para tratar los asuntos de la iglesia. Debe haber un orden establecido en las deliberaciones. Hay ciertos asuntos que casi siempre requerirán atención: por ejemplo, el entrevistar a los candidatos para el bautismo en agua, la disciplina de miembros descarriados, las necesidades financieras de la iglesia, etc. El pastor debe evitar la costumbre de tratar privadamente con uno o dos miembros de más influencia o prestigio de la junta oficial en vez de reunir a todos. Tal costumbre le acarreará dificultades serias.

Aun cuando todo parezca seguir normalmente en la iglesia, el pastor no debe dejar de reunir la junta oficial. Muchas veces los miembros sabrán de dificultades que él mismo desconoce. El pastor debe dar oportunidad a todos los funcionarios de la iglesia a presentar los problemas y expresar sus opiniones. Las decisiones no deben ser tomadas por el pastor solo ni por ningún otro miembro del cuerpo oficial, sino por la votación de todos. Reconocemos que la decisión de la mayoría es la que rige; sin embargo, en cualquier asunto de gravedad, el pastor debe procurar llegar a una decisión unánime de parte de la junta oficial. Si se descubre que los miembros de la junta oficial no están de acuerdo sobre algún punto, es mejor postergar la decisión para dar lugar a más estudio y oración y para conseguir más datos relacionados al asunto bajo discusión. Decisiones impuestas contra la voluntad de una minoría considerable de la junta oficial, crearán dificultades en el gobierno de la iglesia.

Aun cuando no haya ningún asunto de gravedad para discutir, de todas maneras se debe reunir la junta oficial para la oración. Nada mejor hay para establecer la unión entre los funcionarios de la iglesia y su pastor que el reunirse para discutir los problemas de la iglesia y orar juntos para el adelanto de la obra. Feliz el pastor que aprende bien esta lección y sabe trabajar en armonía con la junta oficial.

Los primeros diáconos fueron escogidos como ayudantes de los apóstoles para que éstos quedasen libres de las exigencias del trabajo material. (Los Hechos 6:1, 6.) Los diáconos son elegidos por la iglesia y por tanto, son representantes de ella. Por regla general, en nuestras iglesias los diáconos sirven también como consejeros del pastor quien es el guía espiritual de la iglesia. Los diáconos no deben considerarse independientes del pastor, pero deben manifestar un espíritu cooperativo, activándose en la obra del Señor.

Es motivo de mucho desánimo para todos cuando una iglesia encomienda ciertos trabajos a sus funcionarios y éstos no cumplen. Un miembro que está demasiado ocupado con sus propios asuntos de tal modo que no puede asistir a las sesiones de la junta oficial, o no hace el esfuerzo para hacerlo, no puede desempeñar debidamente el puesto de diácono. Sería mejor en tal caso que dicho funcionario renunciara al puesto para dar lugar a otro quien tomaría un interés sincero en desempeñar sus obligaciones. De otra manera, ni el mismo diácono trabaja, ni otro puede hacerlo.

En muchas de nuestras iglesias, los diáconos tienen un ministerio espiritual además de velar por el bienestar material de la iglesia. Tenemos los ejemplos bíblicos de Esteban y Felipe, ambos escogidos como diáconos, pero quienes más tarde desarrollaron ministerios espirituales. Los diáconos en nuestras iglesias por regla general, sirven como miembros de la comisión de disciplina, y en muchas ocasiones también ayudan al pastor en el ministerio de la Palabra y en cuidar a los puntos de predicación anexos a la iglesia central. Sin duda, en tal caso, el ministerio de un diácono es muy parecido al de un "anciano" en la iglesia primitiva.

En cuanto a las elecciones, es probable que especialmente en las primeras elecciones generales de la iglesia, ella necesite cierta dirección y consejo. El presidente de la sesión debe explicar a la congregación los requisitos bíblicos para el puesto de diácono. (1 Timoteo 8:8, 13; Hechos 6:1, 6.) Si se trata de nuevos creyentes, un estudio bíblico sobre el asunto dado con anticipación, será muy beneficioso. Es bien sabido que una congregación no muy madura en la experiencia cristiana, muchas veces escogerá a personas por motivos de preferencia personal, más bien que por sus cualidades espirituales. Por tanto, es aconsejable que haya una comisión encargada de presentar candidatos, a la que el presidente pueda explicar más claramente los requisitos para el puesto y hacer preguntas escrutadoras acerca de los candidatos propuestos. Por tanto, se sugiere que la iglesia elija una comisión encargada de proponer a los candidatos para elección. Se deben nombrar más candidatos que el número requerido de funcionarios para que haya suficientes nombres para hacer una selección entre ellos.

También es provechoso que el presidente juntamente con la comisión nombrada al efecto explique a cada candidato los requisitos para que éste pueda retirar su nombre si por acaso cree que no va a poder cumplir con ellos. La misma junta oficial de la iglesia no debe servir como comisión encargada de proponer candidatos, puesto que podrá perpetuarse en los puestos. Ciertas iglesias han establecido una regla que requiere que un miembro de la junta oficial no puede seguir en el mismo puesto durante más de tres años consecutivos sin un año de descanso. En esta manera se dará oportunidad a que otros hermanos se desarrollen en el ministerio y la responsabilidad del diaconado.

LA DISCIPLINA DE MIEMBROS

El alto privilegio de la autonomía lleva consigo ciertas responsabilidades serias. La iglesia local que procura gobernarse según el modelo del Nuevo Testamento se hace responsable automáticamente para mantener el orden y la norma bíblica en la congregación. Sin duda uno de los aspectos más difíciles del gobierno propio es el de la disciplina de los miembros. La Biblia contiene exhortaciones con respecto a este asunto. (Véase Mateo 18:15, 17; Gálatas 6:1; Romanos 16, 17; 1 Corintios 5:12; 2 Tes. 3:6; Tito 3:10, 1.)

Es la responsabilidad de una iglesia ejercer una vigilancia sobre las almas de los miembros. La responsabilidad principal para esta vigilancia descansa sobre el pastor y la junta oficial. Cuando se sabe que un miembro de la iglesia ha empañado el buen testimonio de ella por hechos indignos de un creyente, es la responsabilidad del pastor y la junta oficial investigar el asunto y tomar una decisión en nombre de la iglesia. Es muy natural, y así sucede con la mayoría de nosotros, que no nos gusta encarar a una persona con sus faltas, puesto que nunca sabemos cuál será su reacción. Muchas veces los miembros de la congregación también pueden ser afectados desfavorablemente. A causa de este peligro, muchos pastores más bien se han refugiado en la oración pensando que sería mejor confiar en Dios que tratar el asunto. Han creído que sería mejor manifestar un espíritu amable y no ofender a nadie.

Claro es que la oración es importante, y es muy necesaria cuando uno tiene que tratar con estos asuntos, pero la oración sola no solucionará un problema que requiere decisión y acción. Pablo oraba en tales casos, pero también hacía más que orar. Oraba y también actuaba. (1 Corintios 5.) Nunca debemos sentir otra cosa que amor hacia aquellos que han faltado a Dios. Cuando un padre corrige a su hijo, no es una prueba de que no le ama; más bien, la corrección es prueba de su amor. Así en la iglesia, no sería una manifestación de amor hacia Dios ni a la persona descarriada si la dejamos seguir su carrera y arruinar el buen nombre de la iglesia y peligrar su vida espiritual sin darle una palabra de amonestación o corregirle más seriamente, según el caso. El pastor no es digno de su alta vocación, si deja de cumplir un deber solamente porque no le es agradable. Si pasamos por alto estas cosas, el testimonio del evangelio será afectado. La gente inconversa creerá que a pesar de nuestra predicación y nuestro testimonio de una vida limpia, somos indiferentes, y en nada diferimos de los que no son salvos. Por tanto, por amor a la iglesia, por amor también al alma del miembro descarriado, y por amor a las almas no convertidas que nos están observando, debemos cumplir con nuestra solemne responsabilidad. Hagámoslo con oración; hagámoslo con amor; seamos misericordiosos para que obtengamos misericordia, pero cuando los intereses del reino de Dios lo exijan, cobremos valor y actuemos.

Cuando corre la noticia de que un miembro de la iglesia ha caído en pecado, el pastor debe hablar primeramente con el individuo acusado, y si no puede éste aclarar el asunto, el pastor debe reunir a la junta oficial y hacer una investigación. (Véase Mateo 18:15, 17.) El acusado debe ser llamado a la sesión. Si él niega su culpabilidad, se debe darle la oportunidad de comprobar su inocencia y no tenerle por culpable hasta no encontrar una evidencia positiva de su culpa. Una vez hallado culpable el acusado, la junta oficial tratará con él según la gravedad del asunto.

En casos de menor consecuencia al testimonio de la iglesia, si el acusado demuestra un espíritu humilde de arrepentimiento, debe ser perdonado y aconsejado. Probablemente en tal caso no habrá necesidad de disciplina más seria. Si la falta ha sido de tal índole que ha traído vituperio público al testimonio de la iglesia, como en caso de embriaguez o inmoralidad, entonces el culpable debe ser exhortado, y si demuestra un arrepentimiento sincero, debe ser perdonado; pero al mismo tiempo, la junta oficial debe ponerle un período de disciplina en el cual el culpable dará pruebas de la sinceridad de su arrepentimiento y restablecerá la confianza de los hermanos y de los inconversos en él. Durante el período de disciplina, el disciplinado no podrá participar en los servicios públicos de la iglesia en ninguna capacidad oficial, y otros privilegios de los miembros activos le serán suprimidos provisionalmente. Para lograr el efecto debido, la decisión de la junta oficial debe ser anunciada a toda la iglesia para que la iglesia entienda y ore por el que ha cometido la falta y le ayude a recobrar su vida espiritual. A la misma vez, esto le hará reconocer la gravedad de su falta. En todo esto, es menester que se manifieste el espíritu de amor y misericordia.

El objetivo de la disciplina no es el de castigar al culpable, sino el de restaurar su vida espiritual. Dios es el juez de todos, pero la iglesia es responsable de vigilar por sus propios miembros y el testimonio que llevan (1 Corintios 5:12, 13).

Se ve pues, que los pastores y funcionarios de la iglesia deben ser hombres de integridad, caracterizados por la misericordia, el valor, y la justicia. Deben ser imparciales, sin favoritismo, y sin tolerancia del pecado. La importancia de las disciplinas para el crecimiento y la estabilidad de la iglesia es sumamente grande. Dios honrará a la iglesia que le honra a él y a su Palabra.

LA DECISION FINAL

A veces surge una circunstancia en la cual los diferentes elementos de una iglesia no pueden llegar a un acuerdo completo. A veces el pastor y la junta oficial no pueden armonizarse en cuanto a la mejor manera de resolver un problema. Otras veces una parte considerable de los miembros no estarán de acuerdo con el pastor y la junta oficial. Por regla general, si el pastor puede lograr la armonía entre los miembros de la junta oficial, la iglesia les seguirá. Pero esto requiere tiempo y paciencia. Como se ha dicho ya, es aconsejable evitar una acción precipitada, y no insistir en adoptar una decisión cuando las emociones están agitadas. Es mejor postergar la decisión y dar lugar para que los ánimos se calmen y un juicio más sano pueda prevalecer. Algunos pastores, al insistir en su propio punto de vista, han dividido a congregaciones, causando grandes dificultades que pudieran haber sido evitadas con un poco de paciencia.

Si el pastor se da cuenta que no tiene el apoyo de los miembros de la junta oficial en un asunto, y aún al darles tiempo y al tratarles con paciencia, no puede llegar a un acuerdo, y si él considera que el asunto es de suficiente peso y necesario para el bienestar de la iglesia, su único recurso es el de apelar a la iglesia. La decisión final en asuntos locales la hará la iglesia en sesión. Aun en esta parte el pastor tiene una gran responsabilidad de enseñar a la iglesia y llevar la dirección de tal manera que todo sea hecho bajo la dirección suprema del Espíritu Santo y conforme a la Palabra de Dios. Así que cuando resulte un desacuerdo que no puede ser resuelto por la acción de la junta oficial, puede llevar el asunto a la iglesia en sesión de negocios, (compuesta de los miembros activos según el reglamento de la iglesia local) y la cuestión será discutida y llevada a votación. La decisión de la mayoría será final en los asuntos locales.

PREGUNTAS

1. ¿Dónde principia la organización de una iglesia?

2. ¿Qué beneficios resultan en la organización de una iglesia?

3. ¿Cuál es el primer requisito para organizar una iglesia?

4. Dé unos textos que demuestran la necesidad de un acuerdo entre los miembros de una iglesia.

5. ¿Cuál es el cuidado que se debe tener al recibir miembros?

6. ¿Cómo se tomará la decisión para ver si se puede recibir un miembro o no?

7. ¿Cómo expresa la iglesia local su autonomía?

8. ¿Cuál es la posición del pastor en relación a su iglesia?

9. ¿Tiene la autoridad del pastor algunos límites?

10. ¿Cuál será el proceder en una sesión regular de la junta oficial?

11. Descríbanse el puesto y las responsabilidades de un diácono.

12. ¿Qué ayuda puede tener una congregación en la elección de sus funcionarios?

13. ¿Quién tiene la responsabilidad de mantener la disciplina en la iglesia local?

14. ¿Qué textos sirven de guía en este asunto?

15. Explíquense los pasos que se deben dar cuando corre la noticia que un miembro ha caído en pecado.

16. ¿Cómo se puede llegar a una decisión cuando hay diferencias de opinión entre la junta oficial o entre los miembros de una iglesia?

4

LA ORGANIZACION
ECLESIASTICA NACIONAL

Hasta aquí hemos tratado de las responsabilidades y las relaciones derivadas del gobierno de la iglesia local. Examinemos ahora el gobierno de las iglesias cuando éstas se constituyen en una organización nacional. Hemos dicho que no debemos instituir la organización nacional antes de establecer el gobierno en las iglesias locales, puesto que la organización nacional debe existir como fruto de las iglesias locales y en beneficio de ellas. La organización nacional debe brotar de las raíces de las iglesias locales y debe existir porque estas iglesias la necesitan; nunca por ser impuesta o exigida sin el consentimiento y la participación de ellas mismas.

Debemos recordar siempre que no existe una forma de gobierno perfecto, aún entre las iglesias. Cualquier forma de gobierno eclesiástico lleva consigo sus peligros, puesto que las debilidades humanas están siempre con nosotros. La forma episcopal de gobierno (el gobierno por obispos) lleva consigo el peligro que se establezca una jerarquía eclesiástica que en fin buscará sus propios intereses y procurará mantenerse en el puesto de autoridad. La historia de la Iglesia Católica Romana demuestra el peligro inherente en el gobierno eclesiástico centralizado y totalitario. El concepto de que el gobierno de la iglesia dirigida por el Papa es infalible ha sido el resultado de elevar este sistema de gobierno centralizado y totalitario a su conclusión lógica y final. Como no han admitido la posibilidad de error del elemento humano en el gobierno de la iglesia, ha emanado un sistema de doctrina y práctica muy alejado de la enseñanza del Nuevo Testamento.

Por otra parte, el sistema democrático de gobierno también tiene sus peligros. Mientras que el pueblo cristiano ande cerca de Dios, es más acertado el confiar que toda la iglesia podrá entender e interpretar correctamente la voz del Espíritu, que poner la confianza en que un solo hombre o un pequeño grupo de hombres oirán y seguirán la voz de Dios infaliblemente. Cuando la voz de un pueblo, lleno del Espíritu, puede hacerse oír, el Espíritu Santo puede corregir abusos y tendencias equivocadas. En la medida que el pueblo cristiano se desvía de su contacto con Dios y pierde su percepción espiritual, aumenta el peligro de ser guiado por la sabiduría humana y ser influenciado por los deseos populares. En tales circunstancias, la voz del pueblo no es la voz de Dios, como tampoco lo es la voz del Papa.

Algunos buscan evitar estos peligros deshaciendo toda forma de gobierno en la iglesia. Sin embargo, esto no es una solución adecuada. Varios pasajes de las Sagradas Escrituras enseñan claramente que debe haber gobierno en la iglesia local por medio de los ancianos y diáconos; además hay precedente para el gobierno en una escala mayor. Las mismas necesidades que requieren que la iglesia local tenga su propio gobierno indican también que debe haber alguna forma de gobierno para unir entre sí las distintas iglesias locales y conservar la unidad de doctrina y práctica. En la época apostólica existían no solamente iglesias locales como las de Jerusalén y Efeso, sino también las iglesias de Judea y Asia, lo que indica que las iglesias en un país o distrito formaban *la iglesia* (2 Corintios 8:1; 9:2; 1 Tes. 2:14).

Hay quienes creen que el gobierno de la iglesia debe ser limitado exclusivamente a la esfera de la iglesia local y que cada iglesia debe funcionar como una entidad independiente. Es la opinión del autor que las iglesias locales deben funcionar como autónomas en su esfera local, pero que más allá de esta esfera, la iglesia existe también como el cuerpo de Cristo y que hay nexos y relaciones entre las iglesias que las unen. Por ejemplo, el ministerio de los apóstoles no fue ideado para llenar la necesidad de una iglesia local solamente, sino fue un minsiterio entre las iglesias, que servía a una o a muchas según la ocasión lo requería. Tal como el creyente individual necesita hallar su lugar en la iglesia local como miembro, así la iglesia local necesita reconocer que ella misma forma una parte de la iglesia universal y especialmente de aquella parte de la iglesia establecida en su propio distrito o provincia. La necesidad de tal unión resulta de los factores siguientes:

Primero, existe la necesidad de comunión cristiana. Pequeños grupos de creyentes que no tienen contacto con otras iglesias pueden desanimarse y quedar inactivos. La comunión cristiana con otras iglesias aviva el ánimo de los creyentes, produce el gozo del Espíritu Santo, y estimula la actividad cristiana.

Segundo, la unidad y comunión cristianas proveen una influencia estabilizadora y correctiva sobre las congregaciones locales. Tal como el creyente individual, dejado solo, puede captar ideas extrañas e interpretaciones incorrectas o fanáticas de las Escrituras, así también las congregaciones dejadas sin contacto con otras iglesias quedan expuestas al mismo peligro. La unión y la comunión tienden a corregir tales anomalías. El contacto con otras iglesias sirve para conservar un equilibrio espiritual en la congregación local.

Tercero, la organización de las iglesias de un distrito o provincia permite llevar a cabo ciertos proyectos que serían más allá del alcance de una iglesia local sola. Esos proyectos incluyen la extensión de la iglesia a los distritos no evangelizados, el establecimiento de centros de instrucción para obreros cristianos, y la elección y el sostén de ministros aptos para servir a las iglesias como evangelistas, maestros, y sobreveedores quienes verán por los proyectos necesarios al avance y la manutención de la obra de Dios.

Dios es el autor del orden. Aun en la esfera material, él ha organizado los planetas y ha ordenado las estaciones. En la naturaleza misma vemos que las criaturas dependen las unas de las otras para su existencia. En la sociedad humana, Dios ha instituido la familia como una entidad social organizada, y la organización de los gobiernos de las naciones fue instituida con su aprobación. El ordenó la organización de la nación israelita cuando las responsabilidades del gobierno llegaron a ser demasiado pesadas para Moisés; le asignó setenta ancianos del pueblo para ayudarle en el gobierno de la nación. Los apóstoles organizaron la iglesia en Jerusalén con la elección de sus siete diáconos. El Espíritu Santo ha puesto en la iglesia el ministerio y el don de gobernaciones. (1 Corintios 12:18.)

El libro de Los Hechos no nos presenta en una forma clara un plan de organización detallado para el gobierno de las iglesias; sin embargo, encontramos ciertos principios fundamentales. Veamos ahora en que manera la iglesia apostólica resolvió los problemas que afectaban no solamente a una iglesia local sino todas las iglesias de aquella época.

EL PRIMER CONCILIO EN JERUSALEN

Al esparcirse el evangelio por todo el imperio romano, y al establecer iglesias entre los gentiles, se suscitaron problemas graves de largo alcance los cuales una sola iglesia local no podía haberlos resuelto. Parece que las congregaciones de creyentes judíos y prosélitos habían continuado la observancia de las leyes y los ritos establecidos por Moisés. En cambio, las congregaciones gentiles establecidas por el apóstol Pablo y Bernabé habían sido enseñadas que la salvación dependía sencillamente de la fe en Cristo. Los convertidos no habían sido sometidos al rito de circuncisión y a los demás requisitos de la ley de Moisés.

Cuando los creyentes judíos oyeron que los gentiles habían sido aceptados en la comunidad cristiana sin la circuncisión y sin haber sido instruidos en la ley de Moisés, se escandalizaron y principiaron a corregir lo que a ellos les parecía una falta grave en la instrucción espiritual de los gentiles. Estos enseñaron a las iglesias gentiles que, además de aceptar a Cristo, sería necesario para obtener la salvación seguir las ordenanzas de la ley de Moisés y hacerse prosélitos al judaísmo. Pablo y Bernabé vieron la enseñanza de tales creyentes judaizantes como una amenaza a la doctrina de la salvación por fe en Cristo. Una divergencia de opinión sobre una doctrina básica así resultó y ninguna iglesia individual era capaz de resolver el problema.

¿Qué curso siguió la iglesia primitiva para llegar a una decisión sobre este asunto tan importante? ¿A quiénes correspondía la voz de autoridad? Al examinar la manera en que la iglesia primitiva resolvió este problema, descubriremos también ciertos principios fundamentales que nos pueden servir de guía.

Vemos que la iglesia tenía que tomar una decisión sobre un problema de doctrina y de maestros falsos. (Hechos 15:1, 6; Gálatas 6:12; 2 Cor. 11, 12, 16.) Representantes de la iglesia entera, incluyendo a delegados de las iglesias locales, se reunieron en Jerusalén para estudiar el asunto. (Hechos 15:2, 6.) Todos los elementos en la iglesia tuvieron su representación: judíos y gentiles, apóstoles, ancianos, y delegados de las iglesias. Los apóstoles y misioneros rindieron su informe ante la asamblea (Hechos 15:4), en el cual relataron la maravillosa obra de gracia entre los gentiles. Así se enfocó el problema (vers. 5). Es notable que ninguna persona habló *ex cátedra* como si tuviera la palabra final.

Aparentemente, no le tocó a Pedro presidir la asamblea sino a Santiago, el pastor o director principal de la iglesia en Jerusalén. Como primer paso, se dio lugar a una discusión general del asunto en la cual todos participaron, y a la cual Pedro añadió el relato de su propia experiencia y expresó su opinión. (Hechos 15:6, 7.) Después, Santiago hizo un resumen de la discusión y presentó una propuesta a la asamblea, (vers. 14 y 21) la cual gozó de la aprobación general, (versículos 22, 23, 25) y los presentes hicieron constar en un acta su decisión para que sirviese como guía a las iglesias gentiles (versículos 28, 29). Certificaron por escrito a los obreros aprobados (versículos 25, 27); desaprobaron la falsa doctrina y a los maestros falsos (versículo 24), y eligieron a hombres, encargándoles una comisión especial en el nombre de la iglesia entera (versículos 22, 25). Además declararon que el Espíritu Santo les había dirigido en su decisión (vers. 28). Un informe de sus decisiones fue enviado a las iglesias (versículos 23, 30).

Algunos se han opuesto a las discusiones y las votaciones en las asambleas celebradas para tratar asuntos de negocios de la iglesia, considerando que tal actuación es demasiado "carnal" para una iglesia espiritual. Creen que sería mejor que un dirigente inspirado dijera a los demás lo que debieran hacer o que el Espíritu Santo diera un mensaje profético para guiar a la iglesia. Parece que tales objeciones carecen de base. En aquella ocasión la iglesia gozaba de la dirección inspirada de los apóstoles. También las iglesias estaban acostumbradas al ministerio de los profetas que hablaban bajo inspiración del Espíritu Santo. Sin embargo, no apelaban a la voz autoritativa de un apóstol ni a la declaración inspirada de un profeta para guiarles en su decisión, pero a pesar de ésta nos dice claramente que el resultado de la discusión general y el acuerdo a que llegaron fue por la dirección del Espíritu Santo: "Ha parecido bien al Espíritu Santo, y a nosotros." Es digno de nuestra atención que el apóstol Pablo estaba dispuesto a someter la validez de la revelación que él mismo había recibido de Dios al juicio de este concilio. El hecho es que aparentemente él había recibido instrucción por revelación divina a hacer esto. (Véase Gálatas 2:1, 2.) He aquí un resumen de los pasos dados por el concilio en Jerusalén para resolver los problemas que afectaban a las iglesias:

Primero, reunieron a los ministros y a los delegados en un solo lugar.

Segundo, recibieron informes de los obreros.

Tercero, sometieron su problema a una discusión general de la asamblea.

Cuarto, ninguna persona por sí sola dictó la decisión, la cual fue adoptada por acuerdo de la asamblea general.

Quinto, aprobaron la doctrina sana y desaprobaron la enseñanza errónea.

Sexto, dieron su aprobación a los hombres de buen carácter y de enseñanza sana y rechazaron a los falsos maestros.

Séptimo, escogieron a algunos hombres de su número y les dieron una comisión especial.

Octavo, las decisiones gozaban de la aprobación de la asamblea entera.

Noveno, sus discusiones y decisiones fueron guiadas por el Espíritu Santo.

Décimo, levantaron las actas de la reunión y las distribuyeron entre las iglesias.

Aquí, pues, tenemos los principios que nos servirán de guía para resolver los problemas que pueden originarse en nuestras iglesias. Debemos reunir a los representantes de las iglesias, y especialmente a los elementos afectados por el problema. Ningún individuo debe ordenar a los demás en cuanto a lo que se debe hacer, sino que todos deben tener oportunidad de expresar su opinión. Durante tales discusiones podemos confiar en que el Espíritu Santo nos dará la palabra de sabiduría para guiar nuestros pensamientos. Bajo la dirección del Espíritu Santo, el Señor ayudará a la asamblea llegar a un acuerdo.

Según las necesidades lo indiquen, se puede escoger a ciertos hombres para llevar a cabo una comisión especial en beneficio de todas las iglesias. Parece justificada la conclusión que como la iglesia local de Jerusalén escogió a algunos hombres de su número para llevar a cabo una comisión especial (Hechos 6:1-6) y como el conjunto de iglesias en el concilio de Jerusalén seleccionó y comisionó a ciertos hombres para aclarar su posición doctrinal a las iglesias entre los gentiles, que también hoy día un grupo de iglesias puede constituirse en un concilio y comisionar a hombres aptos de entre ellas mismas para llevar a cabo proyectos necesarios y beneficiosos al conjunto de las iglesias.

Prácticamente la iglesia hoy requiere tales hombres comisionados: Hombres que pueden servir como evangelistas en regiones nuevas; hombres con aptitud para dirigir, para aconsejar y ayudar a las iglesias en sus problemas internos; hombres que velarán por ciertos distritos y animarán a los grupos pequeños y débiles para que puedan llegar a ser iglesias; hombres que podrán servir como secretarios y funcionarios para el conjunto de iglesias al fin de facilitar la distribución equitativa de fondos. El Concilio también puede encomendarles la responsabilidad de llevar a cabo ciertos proyectos para el provecho de las iglesias en el intervalo entre sus sesiones.

El territorio que el concilio debe abarcar será decidido, tomando en cuenta la geografía, las fronteras nacionales, y la diferencia de idiomas. Hay poco provecho en procurar la organización de iglesias como una entidad que son distanciadas por los motivos mencionados a tal grado que no pueden prácticamente mantener comunión. Cuando la distancia, el lenguaje, o las fronteras nacionales impiden la unión de las iglesias en un solo concilio, es recomendable que las iglesias tengan su propio concilio regional.

De la misma manera que los miembros de una iglesia local pueden llegar a un acuerdo en cuanto a la norma de la iglesia local (véase página 38), así también los representantes de las iglesias deben reunirse para ponerse de acuerdo con respecto a los principios que servirán de guía para el desarrollo de las iglesias en su región. Cada iglesia local debe ser representada en el Concilio por su pastor y delegado debidamente elegidos por ella misma. Estas conferencias o concilios llegan a ser la asamblea anual de asuntos de negocios para la dirección de la obra en el país.

A medida que la obra se extiende, el país puede ser dividido en diferentes secciones. Cada sector puede tener varias iglesias entre cinco y diez o aún más. Estas iglesias pueden celebrar reuniones de confraternidad cada tres o seis meses según las circunstancias lo permitan. Un sobreveedor, o presbítero, escogido en el Concilio anual de las iglesias, tendrá a su cargo la vigilancia de cada sección y ayudará a los pastores de las iglesias en sus problemas. Siendo que el presbítero será también el pastor de una de las iglesias de la sección, no necesitará de sostén de otra fuente. Por la misma razón, el número de las iglesias bajo su vigilancia debe ser limitado; de otro modo o tendría que descuidar a su propia iglesia para atender a las demás o no podría vigilar debidamente la obra de la sección.

Los funcionarios generales como el presidente o superintendente, el secretario y el tesorero serán elegidos por el Concilio general en su reunión anual. Es probable que el Concilio desee que un misionero de experiencia llene el puesto de superintendente hasta que haya ministros del país capacitados para manejar y dirigir los asuntos de la obra. A medida que los ministros del país se desarrollan espiritualmente y acumulan experiencia, los misioneros darán lugar a ellos, siendo que con dichos ministros quedará la responsabilidad de llevar adelante la obra. Preferible es que los ministros nacionales aprendan a asumir la responsabilidad de la administración de la obra mientras que haya misioneros para aconsejarles No es prudente esperar hasta que los misioneros tengan que retirarse para iniciar a los hermanos nacionales en las responsabilidades de la dirección de la iglesia nacional.

LAS RELACIONES INTERNAS EN LA IGLESIA NACIONAL

Debemos recordar que la autoridad final no descansa en los hombres que han sido escogidos para llevar a cabo cierta comisión, sino en el Concilio que los escogió. La autoridad suprema del Concilio nacional reside en el Concilio mismo. Esta autoridad se expresa por las decisiones y las elecciones cuando está en sesión, y se delega en un sentido restringido a los funcionarios elegidos para llevar la responsabilidad cuando el Concilio no está sesión. En el intervalo entre sesiones, la autoridad del Concilio descansa en los funcionarios* en la manera siguiente:

El Presbiterio General (los funcionarios ejecutivos en unión de los funcionarios regionales) es el cuerpo más representativo de toda la organización, y por tanto en él descansa la autoridad mayor cuando el Concilio entero no está sesionan-

---

* No afirmamos que los títulos de los funcionarios de la iglesia y plan de organización aquí explicado tienen la autorización del Nuevo Testamento en todos sus detalles, pero que sí contienen los principios básicos. El autor se ve obligado a explicar el gobierno de la iglesia, usando los títulos que se acostumbran en la organización de la cual él es miembro para el beneficio práctico de los ministros a los cuales quiere instruir sin sostener que cada detalle aquí mencionado debe ser adoptado por otras organizaciones.

do. El Presbiterio Ejecutivo compuesto del presidente, el vice-presidente, el secretario-tesorero y los demás funcionarios que puedan haber, asume la responsabilidad cuando no está reunido ni el Concilio ni el Presbiterio General. El presidente es el funcionario de más autoridad en el Presbiterio Ejecutivo y en su ausencia el vice-presidente, y después de él, el secretario-tesorero, a menos que se haga otra asignación de autoridad acordada por el Concilio. Por consiguiente, un problema que el Presbiterio Ejecutivo no puede resolver, debe ser llevado al Presbiterio General, y si el Presbiterio General se considera incapaz de llegar a una decisión, el asunto debe ser llevado al Concilio nacional en sesión, el cual es la autoridad suprema de las iglesias en asuntos de interés general. Debemos tener presente que solamente el Concilio General en sesión tiene prerrogativas legislativas. El Presbiterio General y el Presbiterio Ejecutivo tienen la función de administrar y llevar a cabo los arreglos del cuerpo nacional y no la de dictar leyes.

Vemos pues que hay dos organizaciones dentro de la iglesia: primero, la iglesia local con su junta oficial o directiva, la cual administra los asuntos de la congregación local; y segundo, la organización nacional que representa el conjunto de las iglesias en la región, la cual también tiene sus funcionarios y reglamentos. ¿Cuál es la relación de estos dos grupos entre sí? Repetimos una vez más que reconocemos la autonomía de la iglesia local en su propia esfera.

El Concilio General (la organización nacional) no existe con el fin de usurpar la autoridad propia de las iglesias locales, ni de quitarles sus derechos y privilegios bíblicos; los funcionarios de la organización nacional sirven a las iglesias en una capacidad consultativa y cooperativa—recomiendan y aconsejan, pero no exigen. Por consiguiente, un funcionario de la organización nacional no tiene derecho de dictar a un pastor local o a una iglesia local cómo deben resolver sus problemas. Los funcionarios ejecutivos pueden prestar su ayuda y consejo espiritual. La decisión verdadera y final es algo que pertenece a la iglesia local y debe ser hecha por ella misma. Sin embargo, su autonomía no es una soberanía sin límite. Por ejemplo, una iglesia local no tiene derecho de adoptar medidas que sean contrarias a los acuerdos de la organización nacional que representa el conjunto de las iglesias, ni debe invadir la autonomía de otra iglesia local. Para explicar más ampliamente, siendo que el Concilio General tiene el derecho de aprobar o desaprobar a los ministros, una iglesia local no tiene la prerrogativa de instalar como pastor a un ministro que haya sido desaprobado por la organización nacional. Tampoco se le puede permitir la enseñanza de una doctrina no aprobada por las iglesias en general, ni que se sigan prácticas perjudiciales a la moral de la iglesia nacional.

En esto la relación de una iglesia local con la organización nacional es semejante a la relación de un miembro de una igelsia local a su iglesia, y en ambos casos es menester mantener la norma de conducta y de sana doctrina que armonizan con el grupo con que está afiliado. No es difícil percibir que si una iglesia local quisiera instalar como pastor a un ministro que haya sido disciplinado a causa de la inmoralidad, que la actuación de esta iglesia tendría un resultado debilitador en las demás iglesias, pues los resultados de su actuación tienen alcances mucho más allá de la esfera local. La autonomía de la iglesia local es limitada por los derechos de las demás iglesias. Las iglesias tienen derecho de exigir que otra que es asociada con ellas mantenga las mismas normas. Se puede ver entonces que la soberanía de una iglesia local se limita voluntariamente cuando esta iglesia desea asociarse con otras iglesias y formar un solo cuerpo con ellas. Estas iglesias son autónomas, pero no son independientes porque son miembros del mismo cuerpo. Como el principio básico forense lo explica: "Un derecho termina donde otro empieza." Así que las iglesias locales son autónomas pero no tienen la libertad de dañar a las demás iglesias actuando en un sentido contrario a ellas.

Por otro lado, los funcionarios que representan a la organización nacional deben tener mucho cuidado de no violar las prerrogativas de las iglesias y de no imponerles una decisión forzada. A la larga, el ruego y la súplica, respaldados por las Escrituras, tienen más fuerzas que las exigencias humanas y darán mejores resultados.

EL SOSTEN DE LOS FUNCIONARIOS

Al organizar a las iglesias en un Concilio, se debe hacer provisión para el sostén financiero de sus funcionarios correspondientes. Cómo se logrará esto depende por regla general de que si el Concilio desea que los funcionarios dediquen todo su tiempo a estas labores. Si no, el superintendente (presidente) y las demás autoridades pueden seguir con sus pastorados y limitarán sus viajes a las iglesias a ocasiones especiales y llamadas de emergencia. El presbítero de cada región se encargará de velar por las demás necesidades de las iglesias. Este sistema tiene mucho que le favorece puesto que no impone una obligación financiera grande sobre las iglesias y además sirve para evitar el peligro de una organización nacional demasiado centralizada.

En cambio, la experiencia nos ha enseñado que el pastor que también tiene que servir como funcionario de una organización nacional, no puede atender debidamente ni a la una ni a la otra. De modo que por regla general, las exigencias del puesto de superintendente, cuando menos, requieren que éste dedique todo su tiempo a cumplir con las responsabilidades de su puesto.

En varias partes de nuestra obra en la América Latina, los pastores de las iglesias sostienen a los funcionarios por medio del diezmo de sus propias entradas, el cual mandan a la oficina central para el sostén de la obra. En algunos concilios, se aumentan las entradas de la oficina central por medio de ofrendas especiales de las iglesias o por el diezmo de las entradas generales de las iglesias locales según sea decidido.

PREGUNTAS

1. Demuéstrense los peligros inherentes en un gobierno eclesiástico.
2. Explíquese la necesidad de unir las iglesias locales.
3. Dé tres beneficios que resultan.
4. ¿Qué circunstancias que existían en la iglesia primitiva hicieron necesario que las iglesias se uniesen en acción?
5. ¿Quién o quiénes resolvieron el problema de diferencias doctrinales en la iglesia primitiva?
6. ¿Qué procedimiento se siguió para llegar a una decisión?
7. ¿Qué texto demuestra que Dios dio su aprobación a estas decisiones?
8. ¿A qué conclusiones llegamos por el estudio acerca del primer Concilio?
9. ¿Hay autoridad para comisionar a algunos hombres para llevar a cabo ciertas labores más allá de la esfera de una iglesia local?
10. ¿Para qué labores necesitan las iglesias a hombres así comisionados?
11. A medida que la obra se desarrolla ¿qué pasos se darán para proveer la ayuda y vigilancia necesarias para las iglesias?
12. ¿Cómo se escogerá a los funcionarios?
13. ¿Dónde reside la autoridad suprema de la iglesia nacional?
14. ¿Cuál es la relación de la autoridad de la organización nacional a la de la iglesia local?
15. Explíquense los límites de la soberanía de una iglesia local.
16. ¿Tiene una iglesia local la prerrogativa de escoger como pastor a un ministro que ha sido desaprobado por la organización nacional? Explíquense sus razones.
17. ¿Qué cuidado deben tener los funcionarios de la organización nacional en su relación con las iglesias locales?
18. ¿Cómo pueden ser sostenidos los funcionarios de la organización nacional?

5

EL SOSTEN FINANCIERO
DE LA IGLESIA

Al procurar regresar al ejemplo del Nuevo Testamento en nuestra labor de fundar iglesias en el campo misionero, por ningún lado encontramos un problema más difícil que el del sostén financiero de la iglesia. El problema es arduo no tanto porque el sostén financiero de la iglesia es de por sí difícil, sino, en gran parte, debido a los métodos usados por las Misiones al establecer las iglesias.

Aunque parezca extraño, las dificultades en este respecto que han resultado en ciertas regiones hoy, existen en gran parte por la magnanimidad equivocada de los misioneros que colocaron los fundamentos de la obra. Veamos por un momento el tremendo problema a que el misionero tenía que hacer frente. Se encontraba casi solo en un territorio inmenso. Al principio ni amigos ni creyentes tenía para ayudarle en su trabajo. Se sentía triste y afligido al ver las multitudes sin Cristo y los pueblos y las aldeas innumerables sin el evangelio. Además, los convertidos que aceptaban al Señor muchas veces eran desechados por su propio pueblo. A veces el nuevo convertido perdía hasta el empleo. El misionero procuraba resolver el problema ayudando a los convertidos económicamente de una forma u otra. A veces les daba empleo como ayudantes en la Misión. Naturalmente si ellos mostraban interés y vocación para un ministerio espiritual, el misionero los empleaba como obreros cristianos en sus labores. Estos obreros, así alejados de su propio pueblo, llegaban a depender del misionero para su sostén. Cuando estos obreros levantaban congregaciones, no les enseñaban los principios básicos de su responsabilidad financiera para la obra. El misionero recibía su sostén del extranjero, y él sostenía al obrero. ¿Para qué pedir que los convertidos se sacrificasen para poder sostener a su propia iglesia o a su pastor?

El misionero, por regla general, encontraba candidatos aptos para el ministerio entre los estudiantes del colegio de la misión. Los creyentes adultos tenían sus obligaciones de familia y además les era más difícil hacer los preparativos necesarios. Así que el misionero escogía a los jóvenes a quienes podría amoldar más fácilmente. Tenía la esperanza de que por medio de la enseñanza y el ejemplo él pudiera hacerles desarrollar un ministerio adecuado para la evangelización de su propio pueblo y la dirección de la iglesia. A veces tenía éxito pero con frecuencia se encontraba con un gran obstáculo. Estos obreros se habían acostumbrado a depender de la Misión y del misionero. El había tomado las decisiones y les dirigía en su labor. La Misión suplía sus necesidades financieras. Al terminar sus estudios, estos obreros esperaban recibir su sostén de la misma fuente. Siendo que se habían alejado de su propio pueblo, y en ciertos casos hasta habían dejado sus costumbres, no les era muy fácil acomodarse a la vida primitiva de las aldeas; estaban acostumbrados a un nivel de vida más alto, el cual solamente podrían mantener con la ayuda financiera del misionero.

Así que los pastores mismos, y las iglesias que ellos levantaban, casi automáticamente se consideraban como dependientes del misionero extranjero. Como resultado las iglesias perdieron mucho de la iniciativa individual y el vigor de la vida espiritual que resulta de una iglesia verdaderamente nacional o "criolla". Al principio ni el misionero, ni el obrero, ni tampoco los creyentes mismos entendieron los efectos debilitadores de este proceder. Más tarde, cuando el error se hizo más palpable, tanto el misionero como los convertidos estaban acostumbrados a estos métodos y no les era fácil cambiarlos. Así el sistema se ha perpetuado. Es nuestro propósito aquí explicar por qué se debe remediar tal caso y cómo se puede hacerlo.

Antes de seguir adelante, sería provechoso presentar los motivos porque creemos que la iglesia debe sostenerse financieramente.

1. *Es el plan bíblico*. 1 Corintios 9:7-14. La iglesia verdadera debe ceñirse al ejemplo y a la enseñanza del Nuevo Testamento. No podemos amoldarnos a otro método, aunque ya establecido por la costumbre, sin pérdida para la vida espiritual de la iglesia. La Biblia tiene que ser nuestra guía. Se supone que el lector se ha familiari-

zado con la enseñanza bíblica acerca del diezmo.
Aquí nos falta lugar para dar un estudio sobre
el particular. Si el lector no está familiarizado
con esta enseñanza, sugerimos que tome su Biblia
y que haga un estudio esmerado de la materia
antes de proceder en el estudio presente. Por el
momento quiero llamar la atención a un solo texto.
En 1 Corintios 9:13, 14, el apóstol Pablo pone
por ejemplo la práctica de los sacerdotes del Antiguo Pacto declarando que los que ministraban en
las cosas sagradas del templo de allí recibían su
sostén.

Un estudio del Antiguo Testamento revela que
los sacerdotes vivían de los diezmos de la nación
israelita. (El diezmo es un diez por ciento de
las entradas.) Véase Números 18:20, 21. Luego
en 1 Corintios 9:14, el apóstol dice: *"Así también*
ordenó el Señor a los que anuncian el evangelio
que vivan del evangelio."* Quiere decir que como
los sacerdotes vivían de los diezmos del pueblo así
también Dios ha ordenado que el ministro evangélico sea sostenido por los diezmos y las ofrendas de la congregación.

En cuanto al sostenimiento de los pastores de
las iglesias de fondos recibidos de un país extranjero, ni siquiera se hace mención de tal posibilidad en el Nuevo Testamento. No hallamos donde
ni el apóstol Pablo ni otro ministro solicitara
una ayuda financiera de las iglesias de Jerusalén
o de Antioquía para el sostén de las iglesias nuevas que fueron fundadas por sus labores misioneras. Más bien, él exhortó a los nuevos convertidos a que sostuviesen a su propia obra y a que
ellos ayudasen a sus propios pastores con ofrendas

y bienes materiales. (1 Timoteo 5:17, 18; Gálatas 6:6.) Y aún vemos en una ocasión cuando hubo un hambre en Judea que el apóstol Pablo recolectó ofrendas de las iglesias nuevas con el propósito de enviárselas a los hermanos afectados de la iglesia madre en Jerusalén.

Pero alguien pondrá una objeción: ¿No trabajó Pablo con las manos para sostenerse, en vez de levantar ofrendas de las iglesias? ¿No debiéramos seguir su ejemplo? Contestamos: El apóstol Pablo tenía entradas de dos fuentes. El recibía ofrendas de las iglesias como ayuda para sus trabajos misioneros. (Filipenses 4:16-18.) En segundo lugar, cuando no había ofrendas de las iglesias, trabajaba con sus propias manos para suplir sus necesidades. El explica que lo hacía a propósito: es decir, para que el evangelio no fuese estorbado.

Sin embargo, después de fundar una iglesia, exhortaba a los creyentes a que sostuvieran a los que le servían en el Señor. Los misioneros modernos también siguen el ejemplo del apóstol Pablo en este sentido. Por regla general, los misioneros no reciben ofrendas de las iglesias, aunque bíblicamente pudieran hacerlo, para evitar la mala comprensión y ser acusados de parte de los enemigos del evangelio de explotar a los convertidos y hacer ganancia de ellos. Los misioneros, como el apóstol Pablo lo hizo, "despojan" las otras iglesias (2 Corintios 11:18); es decir, las iglesias de su patria en el extranjero, para poder servir a las nuevas iglesias que están estableciendo. Pero como el apóstol Pablo exhortó a los nuevos convertidos a que ayudasen a sus popios pastores, así el misionero debe exhortar a las iglesias a que sostengan a los pastores que ministran la Palabra a ellos.*

Si no hubiese otro motivo porque una iglesia debe sostener a su propio pastor, basta que las Escrituras así lo enseñan y nosotros como creyentes que seguimos el modelo del Nuevo Testamento debemos hacerlo también. Sin embargo, existen otros motivos.

2. Una iglesia local debe sostenerse por medio de los diezmos de los miembros porque así se llega a un plan lógico y equitativo para el sostén del ministerio. Diez familias o más que dan diezmos fielmente pueden sostener a su pastor más o menos al mismo nivel económico que ellos mismos gozan. Debemos reconocer que el pastor y su familia tienen más gastos que una familia corriente de la congregación, pero a medida que su ministerio produce una congregación mayor, sus entradas también se aumentarán correspondientemente.**

---

* Es del todo loable que un obrero que desea establecer una iglesia en un campo nuevo trabaje en lo material para sostenerse; sin embargo, una vez que la iglesia sea establecida, la iglesia misma debe hacerse responsable para el sostén de su pastor.

** Se debe entender que los diezmos son para el alfolí (Mal. 3:10) y no para el pastor personalmente. Algunas congregaciones dan al pastor el 75 por ciento de todos los diezmos y las ofrendas, reservando el 25 por ciento restante para los demás gasos de la iglesia. Sea como fuere, el arreglo debe hacerse entendiendo que a medida que la iglesia crece, de modo que las entradas excedan las necesidades del pastor, se debe modificar el porcentaje o fijar un límite a la cantidad que recibe el pastor, para que haya equidad y los miembros sigan cooperando sabiendo que hay buena administración. Esta cantidad puede ser decidida por la junta oficial y con la ayuda del consejo de los funcionarios de la organización nacional, quienes entenderán mejor las necesidades del pastor. El dinero que llega a la tesorería en exceso a la cantidad necesaria para el sostén del pastor, puede ser invertido en la obra de Dios

3. También resulta beneficioso para la misma congregación cuando ésta se responsabiliza y se hace cargo del desarrollo de su propia obra y del sostén de su pastor. Cuando los hermanos esquivan la responsabilidad financiera del sostén de la obra del Señor, por regla general tampoco quieren hacerse cargo de su responsabilidad espiritual hacia la iglesia. Es fácil observar lo vital que es este asunto a la vida y vigor de una iglesia cuando se compara la que sostiene a su pastor y construye su propio edificio a la que se ha acostumbrado a recibir todo gratis de parte de la Misión. Una congregación que se sacrifica y trabaja para el éxito de la iglesia, por regla general tendrá también más iniciativa en la evangelización de los inconversos y en todo lo que toca al progreso de la obra, mientras que una iglesia que recibe todo sin poner de su parte, pocas veces demuestra esta iniciativa.

4. También el pastor debe sentirse responsable ante su congregación más bien que ante la Misión. Si la Misión paga su sueldo, naturalmente el obrero va a sentirse responsable ante el misionero. Pero el pastor necesita reconocer que ha sido llamado de Dios para hacer una obra y cumplir con un deber que Dios mismo le ha encomendado más bien que considerarse empleado por una Misión. De otra manera su ministerio puede ser debilitado seriamente y hasta puede fracasar.

5. Debemos recordar que el sacrificio y sufri-

para el adelanto del reino del Señor en la evangelización de otros pueblos, como también para mejorar el edificio y sufragar los demás gastos de la iglesia. La junta oficial debe estudiar estas necesidades y hacer una recomendación al respecto a la congregación.

miento tiene una parte indispensable en el desarrollo del ministerio de un pastor. Cuando las circunstancias exigen que el obrero confíe en Dios para su sostén, su propia fe y su vida espiritual se fortalecen. Pero cuando se elimina la necesidad de ejercer la fe y el misionero le suple al obrero lo que necesita, se le quita este medio muy práctico de crecer en la vida espiritual El obrero que desea un ministerio vigoroso tendrá que confiar en Dios y ser dirigido por él. Si por acaso alguien cree que el autor está escribiendo desde el punto de vista teórico solamente, el lector puede estar seguro que el que escribe estas líneas no está exigiendo a que otros hagan lo que él mismo no ha hecho. El aprendió estas lecciones de tanto valor durante varios años de labor en campos nuevos y en trabajo evangelístico en su propio país bajo circunstancias muy difíciles y de mucha escasez.

Uno tiene que pasar por la experiencia de recibir de Dios diariamente lo que necesita para su propia vida y para su familia sin haber ningún otro medio visible de ayuda para poder apreciar lo valiosa que es esta vida de fe. Así se fortalece la fe y se pone el fundamento para un ministerio bendecido.

6. Sucede que el obrero que recibe su sostén de fondos del extranjero a veces no goza del mismo aprecio de sus compatriotas como el que recibe su sostén de su propia congregación. Posiblemente el público tiene al obrero que recibe su sueldo de una Misión por empleado de una religión extranjera en lugar de un siervo abnegado de Dios. Ha ocurrido en años recientes que ciertos ministros

evangélicos han sido acusados de ser espías solamente porque recibían su sueldo de un país extranjero. El obrero que recibe su sostén de su
propia congregación evita esa interpretación equivocada. Las iglesias que se sostienen solas han
podido sobrevivir los tiempos difíciles cuando los
fondos del extranjero han sido retirados. Aunque
el obrero que recibe su sueldo de una Misión no
fuese acusado de ser un agente de un país extranjero, sin embargo, bien pudiera ser considerado agente de una religión extranjera que pre-
dica solamente porque le pagan.

7. Debemos también mencionar que debido al
espíritu nacionalista que está hoy en aumento en
muchos países, grandes ventajas hay en que la
obra sea sostenida de fuentes locales. Aunque
equivocadamente, al misionero en muchas partes
lo tienen como agente del capitalismo e imperialismo extranjero. Es el deseo de todos los pueblos
del mundo hoy día alcanzar completa libertad e
independencia. Muchos interpretan la subvención
de parte de una misión extranjera como una manifestación del imperialismo. Por equivocada que
sea esa idea, de todos modos es preferible que la
iglesia nacional no viva bajo tal sombra. También,
no se puede negar que los que sufragan los gastos
son, por regla general, los que mandan. Creemos
que la iglesia nacional o "criolla", al llegar a la
edad adulta, debe estar libre para ejercer su
propio gobierno y dirección.

El depender de subvenciones del extranjero re-
tarda el desarrollo de la dirección nacional e im-
pide el crecimiento de la iglesia nativa. Siempre
debemos reconocer los lazos espirituales que nos

unen a nuestros hermanos en el extranjero. La iglesia de Jesucristo es una sola y no reconoce fronteras nacionales ni geográficas. Sin embargo, la iglesia en un país no debe adoptar una posición inferior a la de otro país por motivos financieros.

8. Ahora llego al último y tal vez el más poderoso motivo porque la iglesia debe sostenerse. Si la iglesia no puede sufragar sus propios gastos, llegará el día en que no podrá extenderse por falta de dinero puesto que todos los fondos habrán sido usados para mantener la obra solamente. En tal caso, la iglesia se encontrará en circunstancias que le prohibirán tomar la iniciativa en la evangelización, o en fundar iglesias nuevas, o en entrenar o preparar nuevos obreros para el ministerio. Los fondos de fuentes extranjeras nunca bastan para todas las necesidades de la obra. Siendo que hay un límite en la cantidad de fondos que pueden ser enviados de un país extranjero, inevitablemente llegará el día cuando la adición de otro obrero a la lista significará que los demás obreros recibirán menos. Tal situación llegaría a ser intolerable.

No podemos creer que la iglesia de Jesucristo deba vivir sujeta a tales limitaciones. En cambio, cuando cada nueva congregación se encarga de la responsabilidad de su propio edificio, y del sueldo de su pastor, no hay límite a las posibilidades de la expansión de la iglesia. Cada iglesia nueva será una entidad que podrá sostener y propagarse, y a medida que nuevas iglesias se levanten, éstas asumirán la responsabilidad de su propia obra. La verdad es que las nuevas iglesias mismas llegarán a ser una fuente de entradas para ayudar en la extensión de la obra y de la evangelización del país.

Ahora examinemos unos pasos prácticos que nos ayudarán a alcanzar tan loable blanco: Primeramente, los pastores mismos deben ser enseñados y convencidos de la necesidad de establecer el sostén propio de las iglesias. Los obreros deben dar su apoyo moral a este esfuerzo. Es preciso que ellos se convenzan del beneficio que recibirán ellos mismos, y la obra también, siguiendo este curso de acción; entonces deben dedicarse a la tarea de verlo realizado. Si el obrero mismo no está de acuerdo con estos principios, será muy difícil enseñar a la congregación a cumplir su responsabilidad. Es de lamentarse que ciertos obreros, por falta de visión, prefieren confiar en un sostén muy limitado de parte de la Misión, en vez de depender de Dios y de su congregación. Hemos visto que cuando los obreros se animan a lanzarse a seguir el plan bíblico, muchas veces dentro de pocos meses se encuentran en una mejor situación financiera que cuando dependían de la Misión. La razón principal de esto es que la congregación, por regla general, no se siente responsable de pagar el sueldo de su pastor, cuando sabe que la Misión le da aún parte de su sostén; considera sencillamente que el sostén del pastor le toca a la Misión y no a ella. Luego las iglesias mismas deben ser iniciadas en el camino del sostén propio. Los misioneros y los ministros deben enseñar acerca del deber que cada miembro tiene de dar su diezmo. Todo lo que se relaciona con este asunto debe ser discutido con ellos.

A veces requiere paciencia para enseñar a una

congregación ya establecida muchos años que antes no asumía esta responsabilidad, pero una vez que los miembros vean los beneficios espirituales que resultan, ellos mismos enseñarán a los demás. Los funcionarios de la iglesia deben servir de ejemplo a los demás miembros. Es muy importante que cuando un miembro acepte la responsabilidad de un puesto oficial en la iglesia, que él entienda que este alto privilegio incluye la responsabilidad de ser ejemplo a los demás miembros de la iglesia en todos estos asuntos.

Para presentar a la congregación el asunto del sostén propio, el pastor o el misionero debe dar estudios bíblicos a la congregación. Antes de presentar el plan a la iglesia, debe discutirlo con la junta oficial primeramente. No debe procurar imponer el plan en contra de la voluntad de los miembros; más bien debe inspirar a los diáconos y miembros para que ellos mismos se animen a dar los pasos necesarios para alcanzar el blanco deseado.

También es de mucha importancia que los *nuevos* convertidos sean instruidos con respecto a su responsabilidad financiera inmediatamente después de su conversión y antes de que asuman la categoría de miembro activo de la iglesia. Algunos pastores han vacilado en este respecto y no han enseñado a los convertidos acerca de su responsabilidad financiera, temiendo que al hacerlo así, se desanimen los nuevos creyentes. Esto es un error. El tiempo más apropiado para enseñar al creyente es cuando su corazón es tierno hacia Dios y está gozando del primer amor. Una vez que se haya acostumbrado a descuidar esta responsabilidad, será mucho más difícil enseñarle.

El pastor debe ejercer un cuidado especial en establecer la confianza de la congregación en cuanto a la manera de manejar los fondos de la iglesia. Algunos pastores no quieren que la congregación sepa cuánto se recibe en las ofrendas por temor que la congregación crea que está recibiendo demasiado. Por regla general, sucede lo contrario. La congregación se siente orgullosa al saber que sostiene a su pastor adecuadamente. En cambio, si no saben lo que está recibiendo, muchas veces creerán que sus entradas son mucho más de lo que son. Un informe financiero debe ser entregado a la iglesia en fechas señaladas. Esto establecerá la confianza en la buena administración y esta confianza inspira la liberalidad.

Es preciso notar que al pastor le toca sentar el ejemplo dando el diezmo de sus propias entradas. Es imposible que pueda predicar a los demás con sinceridad lo que él mismo no hace.

No olvidemos nunca que la entidad más importante de la obra es la iglesia local. Tengamos cuidado en no quitarle a la iglesia su propia responsabilidad e iniciativa. No debemos permitir que una congregación relegue la responsabilidad para su gobierno, para la extensión de su obra o para el sostén financiero en la Misión o en la mesa directiva de la organización nacional. Una iglesia que espera que otros hagan por ella lo que ella debe hacer por sí misma quedará débil y raquítica, en lugar de gozar de un desarrollo normal y saludable.

En todo eso hay que recordar que el estado espiritual de la congregación influye en todo aspecto de la obra, especialmente en el aspecto económico. Aunque sea difícil alcanzar el sostén propio de la iglesia por medio del esfuerzo humano, no hay que olvidar que con la bendición de Dios y el derramamiento de su Santo Espíritu, todas estas cosas son posibles. La congregación aceptará la enseñanza con respecto al sostén de la iglesia y se animará a nuevos esfuerzos bajo la influencia del Espíritu Santo. Tal vez se precisa una palabra de advertencia a nuestros obreros. Si la iglesia no está gozando de un alto nivel de espiritualidad, entonces no es el tiempo más propio para introducir el asunto del sostén propio e inaugurar cambios. Más bien, el pastor debe orar por un derramamiento del Espíritu Santo y cuando ascienda la temperatura espiritual en la iglesia, y el ambiente esté saturado de las bendiciones del Señor, entonces es el momento de animarles a asumir sus responsabilidades y a dar nuevos pasos. Recuérdese que en todas estas cosas la vida espiritual de la iglesia es de primera importancia; los metodos son secundarios.

Una última palabra de consejo al pastor que tiene que tratar el problema del sostén. Es mejor que él enseñe el deber del diezmo a su congregación como una verdad bíblica y que lo trate muy aparte de su propia necesidad financiera. Como un fiel ministro de Dios, debe enseñar el diezmo a su congregación, animándola a que asuma su responsabilidad espiritual con la mira al mejoramiento del bienestar de la iglesia misma y no para el beneficio propio del pastor. Que enseñe la verdad pero que confíe en Dios. Dios, quien cui-

dó a Elías en tiempo de hambre, también sabrá
cuidar a sus ministros que le obedecen incondicio-
nalmente y depositan su confianza en él.

PREGUNTAS

1. Explique cómo el problema del sostén de la iglesia se originó en muchos campos misioneros.

2. Demuestre que el diezmo es el plan divino para el sostén de la iglesia.

3. ¿De qué dos fuentes tuvo el apóstol Pablo entradas financieras?

4. ¿Qué conclusiones debemos sacar del hecho de que el apóstol Pablo a veces trabajaba en lo material para sostenerse?

5. ¿Es justificable que un obrero en un campo nuevo trabaje en lo material para sostenerse?

6. ¿Debe el obrero continuar trabajando en lo material después de que la iglesia haya sido establecida?

7. ¿Qué beneficios recibe la iglesia que se hace responsable por el sostén de su pastor?

8. ¿Hacia quiénes debe sentirse responsable el pastor?

9. ¿Qué beneficio recibe el obrero que tiene que confiar en Dios para su sostén?

10. ¿Qué desventajas puede encontrar el obrero que recibe su sueldo de una Misión?

11. ¿En qué manera se limita el desarrollo de una obra cuando se depende de fondos del extranjero?

12. ¿Cuáles son los pasos que se deben dar para animar a una iglesia a hacerse responsable para su propia obra?

13. ¿De qué manera influye el estado espiritual de una congregación en el aspecto financiero?

6

EL DINAMISMO DE LA IGLESIA NEOTESTAMENTARIA

Los métodos por sí solos, por buenos que sean, no darán resultados en una iglesia. El mecanismo del buen método debe ser acompañado del dinamismo del poder apostólico. Sin métodos correctos, un avivamiento poderoso puede apagarse o llegar a ser ineficaz. Sin el poder espiritual, la iglesia, aunque bien organizada, tampoco puede avanzar. El mecanismo sin el dinamismo en la iglesia puede compararse a un motor bien ajustado, listo para andar, pero al que le falta el combustible y la chispa para poder arrancar.

En Los Hechos de los Apóstoles encontramos el único modelo auténtico para la operación de una iglesia neotestamentaria. Debemos recordar que las epístolas de San Pablo y los demás apóstoles fueron escritas a iglesias que vivían en el ambiente del libro de Los Hechos y que experimentaban los eventos allí narrados. Un estudio del libro de Los Hechos de los Apóstoles nos revela mucho concerniente al poder que motivaba a la iglesia primitiva.

La iglesia primitiva vivía en un ambiente de

oración. El libro de Los Hechos nos relata en
el primer capítulo acerca de diez días de oración;
la iglesia "perseveraba en la oración" en el capítulo 2; los apóstoles observaban "la hora de oración" en el capítulo 3, y encontramos en el capítulo 4 que toda la iglesia elevó la voz a Dios
en oración. En todo el relato sagrado observamos
que la oración satura la atmósfera de la iglesia
primitiva.

También es digno de nuestra atención el lugar
predominante que se daba al Espíritu Santo en
la iglesia primitiva. Los discípulos fueron manda-
dos a que esperasen la venida del Espíritu; en el
capítulo 2, él descendió sobre los creyentes que
esperaban su llegada y ellos fueron llenos del Espíritu. El escritor del libro de los Hechos tiene
mucho cuidado en relatar la obra del Espíritu Santo. Nos narra cómo descendió sobre los samarita-
nos, sobre los de la casa de Cornelio, y más tarde
sobre los discípulos efesios. Los apóstoles fueron
inspirados por el Espíritu a hablar; los diáconos
fueron llenados del Espíritu Santo y unos llegaron a ser evangelistas; los apóstoles y los diáconos fueron guiados a sus campos de labor y fueron dirigidos en sus actividades por el mismo Espíritu. El Espíritu Santo hacía señales y maravi-
llas convenciendo así a las multitudes; impartía
poder a las iglesias; inspiraba a los creyentes a
una liberalidad maravillosa hasta dar de sus bienes materiales a la obra del Señor; en general, él
era el director invisible de la iglesia. El libro de
Los Hechos muy bien pudiere ser llamado "Los
Hechos del Espíritu Santo".

Para poder experimentar los mismos resultados de la iglesia primitiva, será necesario que nuestras iglesias hoy día capten de nuevo el ambiente espiritual de ella. Pero alguien pondrá por argumento que las bendiciones experimentadas por la primera iglesia pertenecían a una edad pasada y que es imposible experimentar hoy tales cosas. Yo quisiera recalcar la verdad que vivimos en la misma dispensación o período de la gracia en el cual vivían los apóstoles. El Espíritu Santo todavía mora en el mundo y Jesucristo es el mismo ayer hoy y para siempre. El hecho es que al leer las Escrituras se halla evidencia que Dios tiene el propósito de hacer una gran obra por medio del Espíritu Santo en los días postreros del período de la gracia. El ha prometido derramar su Espíritu sobre toda carne en los últimos días.

Para animarnos, llamaré la atención al hecho de que en muchas partes del mundo hoy día se están experimentando avivamientos y bendiciones que nos hacen recordar de los tiempos bíblicos. Milagros del poder divino han ocurrido y millares de personas han despertado a la verdad del evangelio y los creyentes han experimentado en una manera especial una plenitud del Espíritu Santo.

Probablemente la debilidad espiritual de muchas iglesias hoy en día no se deba a ninguna pérdida que haya sufrido el evangelio en cuanto a su poder, ni tampoco a ningún cambio de propósito de parte de Dios en cuanto a reproducir una iglesia conforme el modelo del Nuevo Testamento; más bien, esta debilidad es culpa nuestra y es el resultado de poca visión y débil fe. Pidamos a Dios que nos libre de todo concepto que no haya sido inspirado divinamente en nosotros, y que nos guíe como testigos del Cristo viviente y de su evangelio de poder en este trabajo de fundar una iglesia neotestamentaria en nuestro día.

Jesús dijo: "Y sobre esta piedra edificaré mi iglesia y las puertas del infierno no prevalecerán contra ella." Mateo 16:18.

"Y ellos saliendo predicaron en todas partes obrando con ellos el Señor y confirmando la palabra con las señales que se seguían." Marcos 16:20.

PREGUNTAS

1. Explíquese la necesidad de tener el poder apostólico para la función de una iglesia neotestamentaria.

2. ¿Dónde encontramos el modelo auténtico para una iglesia neotestamentaria?

3. Explique el lugar que dieron los creyentes primitivos a la oración en la vida de su iglesia. Dé citas.

4. Describa el ministerio del Espíritu Santo en la iglesia primitiva.

5. ¿Por qué podemos esperar que la iglesia de hoy día goce las bendiciones apostólicas?

6. ¿Por qué razón no vemos manifestado más plenamente el poder del Espíritu Santo en la iglesia de hoy?

APENDICE "A"

"El Reglamento Local para las Asambleas de Dios en la América Central" ha sido incluido en esta obra para que sirva como guía para otros países donde se desee algo semejante.

"El Reglamento Local" fue escrito originalmente para las Asambleas de Dios de El Salvador por Francisco R. Arbizú y Ralph D. Williams y aprobado por las iglesias después de ser estudiado detenidamente.

"EL REGLAMENTO LOCAL"

Prólogo

El propósito de este Reglamento Local es proponer un número mínimo de normas y doctrinas bíblicas que servirán como la base de fe y comunión entre los miembros de la Asamblea Local.

Se ha preparado especialmente para el recién convertido con el fin de ayudarle a conocer y comprender estas doctrinas de manera fácil y directa. Además, se le explicará:

1. Qué nuevas relaciones él tendrá que mantener con los demás creyentes y con el mundo también.

2. Cómo desempeñar el alto y digno puesto de miembro de la iglesia.

El pastor establecerá clases para los recién convertidos a fin de enseñar este Reglamento. Las clases se darán una vez a la semana durante un período de tres a seis meses, hasta enseñar todo el Reglamento. Se llamarán "miembros catecúmenos" los que asisten a las clases y se están esforzando por cumplir con las normas cristianas, con el propósito de ser miembros activos.

Al cabo de este tiempo de instrucción, se examinará a los catecúmenos en cuanto a su fidelidad cristiana y habiendo dado satisfacción ellos a la Junta Oficial de la Asamblea, podrán ser bautizados en agua.

En caso que les falten pruebas suficientes de una verdadera conversión, no se bautizarán sino hasta haber dado evidencia satisfactoria de una sincera fe en Cristo.

La Biblia ordena enseñar las doctrinas cristianas

1. Los discípulos fueron enviados por Jesucristo a doctrinar y enseñar en todo el mundo. Mateo 28:19-20 y Marcos 16:15.

2. Desde el día de Pentecostés, los apóstoles enseñaron las doctrinas del evangelio a los inconversos y a los recién convertidos. Hechos 2:40-42 y 4:2. San Pablo enseñó doctrina por dos años en la escuela de Tirano en Efeso. Hechos 19:9-10; y en el capítulo 20:20 dijo: que "nada útil" había rehuido anunciar y enseñar. También ordenó a Timoteo que instruyese a hombres aptos para que ellos también enseñaran a otros. 2 Timoteo 2:1-2.

3. Los creyentes en Jesucristo que obedecen estas instrucciones y siguen tales ejemplos del estudio fiel y constante de la Biblia gozarán:

a. Una dirección acertada para su fe, conducta y servicio a Dios. 2 Timoteo 3:16-17.

b. La continua presencia de Cristo quien con-

firmará la Palabra con las señales prometidas.
Mateo 28:20 y Marcos 16:20.

c. El amor de Cristo. Juan 14:15, 21, 23; 15:10.

d. La verdadera libertad espiritual. Juan 8:31-32 y Romanos 8:1.

(Nota: Hay libertad *carnal* y libertad *espiritual*. La primera es la que no se sujeta a la Palabra de Dios. Romanos 8:7. La segunda, la libertad espiritual, consiste en la sumisa obediencia a ella. Salmo 119:45; Santiago 1:25.)

PREGUNTAS PARA REPASAR

1. ¿En qué se basa la autorización de este Reglamento Local? Dé tres referencias bíblicas tomadas de este párrafo.
2. ¿Cuáles son las cuatro bendiciones de que gozarán los que ponen en práctica las doctrinas cristianas?
3. Explique la diferencia entre las dos libertades.

ARTICULO I
DE LOS OBJETIVOS DE LA ASAMBLEA EVANGELICA

Los creyentes en Jesucristo que viven en la misma comunidad, deben juntarse para constituirse en una Iglesia o Asamblea Evangélica Local. Mateo 18:17, 20; Hechos 8:1 y 9:31. Los objetivos de la Asamblea Evangélica son:

1. Adorar a Dios en Espíritu y en verdad. Juan 4:23-24; Salmo 117 y Colosenses 3:16. Esto es su culto y adoración.

2. Instruirse debidamente en las doctrinas sagradas de la Santa Biblia para su crecimiento en:

a. Conocimientos espirituales. 2 Pedro 3:18; 2 Timoteo 3:14-17.

b. En santidad y en fuerza moral. Salmos 119:9 y 2 Corintios 7:1.

c. Amor a Dios y al prójimo. Juan 13:34. Esto es su educación y cultura.

3. Difundir el conocimiento del evangelio por todas partes. Marcos 16:15 y Hechos 1:8.

a. Por medio del testimonio de una vida fiel.

b. Por medio de la predicación de la Palabra de Dios. Esto es su servicio y ministerio.

Estos tres objetivos son los ideales más altos que pueden inspirar al alma del hombre. Esforzándose el nuevo creyente en cumplirlos, su vida será cambiada en una de carácter cristiano verdaderamente noble, y traerá honra y gloria a Dios y también podrá llevar almas a los pies de Cristo, su Salvador.

El resumen de estos tres objetivos se encuentra en San Lucas 10:27: "Amarás al Señor tu Dios de todo tu corazón y de toda tu alma y de todas tus fuerzas y de todo tu entendimiento y a tu prójimo como a ti mismo."

PREGUNTAS PARA REPASAR

1. ¿De qué trata el Artículo 1?
2. ¿En qué se deben constituir los creyentes de una comunidad?
3. Explíquese el primer objetivo de la Asamblea Evangélica.
4. Explíquese el segundo objetivo.
5. Explíquese el tercer objetivo.
6. ¿De qué manera aprovechará el que se esfuerce a practicar estos ideales?

ARTICULO II

DE LAS DOCTRINAS FUNDAMENTALES

A. La Iglesia de Cristo

1. La Iglesia de Cristo es un pueblo:

a. Redimido por la sangre de Cristo. Efesios 1:7.

b. Separado del mundo. 2 Corintios 6:16-18.

c. Que cree en el santo evangelio. Juan 20:31.

d. Que practica los preceptos cristianos. Tito 2:11-14.

2. La naturaleza espiritual de la Iglesia.

Los símbolos usados para representar a la Iglesia revelan su naturaleza espiritual.

a. La Iglesia es un cuerpo. Efesios 1:22-23.

1) Cristo es la cabeza del cuerpo. Efesios 1:22, 23; 5:23.

2) Los creyentes son los miembros del cuerpo. 1 Corintios 12:12 y 27. Este símbolo hace destacar, primero, la relación espiritual que existe entre Cristo y el creyente, y segundo, la de un creyente con otro. También hace evidente que la autoridad espiritual de la iglesia reside en Cristo y no en una persona intermediaria en la tierra. Sin embargo, el ministerio del evangelio es efectuado por seres humanos guiados e inspirados por el Espíritu Santo. Efesios 4:11-16.

b. La Iglesia es un edificio o un templo. 1 Corintios 3:9, 16.

1) Cristo es el fundamento y la "piedra principal" del ángulo. 1 Pedro 2:6-7.

2) Los apóstoles y profetas forman parte del fundamento juntamente con Cristo. Efesios 2:20-22.

3) Los creyentes son piedras vivas en este templo espiritual. 1 Pedro 2:5. Este símbolo establece: (a) Que Cristo es la Roca en que está fundada la iglesia; (b) Que es un error enseñar que la iglesia está fundada sobre Pedro puesto que él

era sólo uno de los apóstoles y como tal no era más que una parte del fundamento, juntamente con los demás, (Efesios 2:20); (c) Que Dios mora en la Iglesia, o sea el templo espiritual, para guiarla y bendecirla. Efesios 2:21-22 y Mateo 18:19-20.

c. La Iglesia es parte integral de la Vid verdadera. Juan 15:1-2.

1) Los creyentes participan de la vida espiritual de Cristo, así como el pámpano recibe savia del tronco de la vid. 2 Pedro 1:4.

2) El creyente como pámpano debe llevar fruto. Juan 15:16.

3) Dios, el Labrador, limpiará a todo creyente que lleva fruto para que lleve más fruto. Hebreos 12:5, 6 y 11. Esta figura nos enseña, primero, que el creyente es partícipe de la naturaleza divina que le imparte fe, gracia, amor y valor; segundo, que todos deben esforzarse por traer almas a Cristo, y tercero, que Dios, cual padre de familia, disciplina a sus hijos, a fin de encaminarlos en santidad y en servicio fructífero.

3. La condición para ingresar en la Iglesia: La condición primordial para ingresar en la Iglesia es la regeneración. Juan 3:3-5. Para experimentar la regeneración son necesarios tres pasos:

a. Fe en Jesucristo y en los méritos de su sangre que limpia de todo pecado. Juan 14:6; 3:16, 36; Hechos 16:31; Efesios 1:7; 1 Juan 1:7, 9.

b. Un verdadero arrepentimiento. Hechos 2:38; Mateo 9:13. Este arrepentimiento consiste en la confesión de los pecados a Dios (1 Juan 1:9) y en abandonarlos. Juan 8:11; 5:14 y Proverbios 28:13.

c. La confesión pública de fe en Jesús. Romanos 10:9-10; Marcos 8:38.

4. La Misión o la obra de la Iglesia en la tierra:

a. Predicar el evangelio a toda criatura. Mateo 28:19-20; 1 Pedro 2:9-10.

b. Mantener la norma de santidad y de justicia delante del mundo. Efesios 5:25-27; Mateo 5:13-16.

c. Ser celosa de buenas obras. Tito 2:14; Gál. 6:10; Mat. 5:16, 44, 45.

5. El sostén financiero de la obra de la Iglesia en la tierra. No se necesitan fondos monetarios para comprar la salvación de las almas ni para pagar a Dios por las bendiciones espirituales que de él provienen. Isaías 55:1-2; Mateo 10:8. Se necesitan fondos para sufragar los gastos que ocasionan el ministerio y el avance de la Iglesia sobre la redondez de la tierra. El sostén financiero de la Iglesia es proveído por los mismos miembros de ella. Esto es muy natural, porque son ellos los que tienen mayor interés en que la Iglesia cumpla con su misión en la tierra. 1 Pedro 2:9-10. La porción básica que se debe consagrar a la obra de Dios de parte de cada creyente es la décima de todas sus entradas. Las ofrendas que se darán serán adicionales al diezmo. La consagración del diezmo para el servicio de Dios en la tierra, ha sido practicada por los fieles varones de Dios, en los tres períodos principales abarcados por la historia bíblica: a) El Período de los Patriarcas; b) El Período de la Ley de Moisés, y c) El Período de la Iglesia Apostólica.

a. Siglos antes de que Moisés recibiera la ley, los patriarcas pagaban diezmos a Jehová. Abraham, Génesis 14:18-20; Heb. 7:4; Jacob, Génesis 28:22.

b. Esta misma práctica se encuentra establecida por fuerza de ley en el culto israelita (Levítico 27:30-34), y era de tal importancia, que Dios pronunció bendición por su fiel cumplimiento y maldiciones por faltar a ella. Mal. 3:8-10.

c. La Iglesia cristiana no está sujeta a la ley de Moisés (Lucas 16:16 y Romanos 6:14) pero para San Pablo, el estricto cumplimiento de la ley de diezmos practicado por los israelitas, le sirve como una ilustración para enseñar a los creyentes de la iglesia cristiana cómo sostener la obra de Dios. (Números 18:21 y 1 Corintios 9:13-14.) Es claro que la iglesia apostólica empleaba el mismo método practicado para sostener el culto judaico que para sostener su culto y ministerio. Nótense las palabras del versículo 14: "Así también ordenó el Señor." "Así también" quiere decir: "De la misma manera."

d. Es de muchísima importancia fijarse en la diferencia entre el sistema de dar diezmos practicado por los israelitas y el practicado por la Iglesia cristiana. Los israelitas lo hacían por fuerza de la Ley; mientras que los creyentes en Jesucristo lo hacen por el impulso de la gracia de Dios en el corazón. 2 Cor. 9:7-8. La ley de recompensa que rige en esta dispensación, o era, de la gracia, es la que se halla en 2 Corintios 9:6.

e. El capítulo 8 de 2 Corintios trata de la liberalidad. El versículo 2 enseña que cuando la ofrenda se da en medio de tribulación y pobreza, lejos de quitar valor a la ofrenda, estas circunstancias la hacen más rica a la vista de Dios. Del versículo 7 se ve que sería incorrecto que un creyente que anhela los dones y las virtudes del Espíritu Santo, quedara indiferente al desarrollo de esta virtud de la liberalidad. Véase también Mateo 23:23. En los versículos 13 y 14, el uso de la palabra "igualdad", indica un sistema de dar que será proporcionalmente igual para todos los que participen. El plan de dar "diezmos" llena perfectamente este requisito.

PREGUNTAS PARA REPASAR

1. ¿Qué es la iglesia cristiana?
2. Dense los tres símbolos de la Iglesia usados en esta lección.
3. Explique lo que se entiende en cada símbolo.
4. ¿Cuál es la condición esencial para ingresar en la Iglesia?
5. Dé los 3 pasos necesarios para experimentar la regeneración del alma.
6. ¿Cuáles son los tres puntos en la misión de la Iglesia?
7. ¿Para qué se necesitan los fondos en la obra de Dios?
8. ¿Quiénes proveerán los fondos necesarios para la obra de Dios?
9. ¿Cuál es la porción básica que se debe consagrar a Dios?
10. Dense los tres períodos de la historia bíblica en que se pagaban diezmos.
11. Dé una cita bíblica de un patriarca que pagaba diezmos.
12. Dé una cita que establece la ley de diezmos en el culto judío.
13. ¿Qué se entiende de 1 Corintios 9:13-14 en cuanto a pagar diezmos en la iglesia?
14. Explique la diferencia que existe en la práctica del sistema de dar diezmos entre los judíos y los creyentes de la iglesia apostólica.
15. Si anhelamos los dones y virtudes del Espíritu, ¿es correcto hacer caso omiso de la virtud de la liberalidad?

B. La Santa Biblia

1. La Biblia es:

a. La Palabra inspirada de Dios por medio de la cual se comunica Dios con su pueblo. 2 Pedro 1:20-21; Juan 5:39, y es

b. La regla infalible de fe y conducta para guiarnos de la tierra a los cielos. Salmo 119:11, 105; Juan 5:24; 20:31.

2. A la Biblia no se le puede agregar ni quitar. 1 Pedro 1:24; Apocalipsis 22:18-19.

C. El Unico Dios Verdadero Manifestado en la Trinidad

La existencia del Unico Dios Verdadero, Jehová, está bien definida por las Sagradas Escrituras, las cuales revelan que subsiste en las tres personas: el Padre, el Hijo y el Espíritu Santo. Mateo 28:19; 2 Corintios 13:13; 1 Juan 5:7, Deut. 6:4.

1. El Trino Dios es Creador del universo. Génesis 1:1, 26, 31.

2. El Trino Dios es Salvador del hombre. 1 Timoteo 2:3-4; 2 Corintios 5:18-19.

PREGUNTAS PARA REPASAR

1. ¿Qué es la Biblia?
2. ¿Es completa la Santa Biblia?
3. ¿Cómo se ha revelado Jehová a Sí mismo.
4. Dése un versículo que establece que Jehová es uno.
5. Dése un versículo que establece la trinidad en la unidad de Dios.

D. La Salvación del Alma

1. La salvación del alma es una transformación espiritual milagrosa que se efectúa en el alma y en la vida. Juan 3:3-5; 2 Corintios 5:17 y Efesios 4:22-24.

a. Por fe en la Palabra de Dios. Juan 1:11-1{ 1 Pedro 1:23.

b. Por fe en la sangre de Cristo. 1 Pedr 1:18-19.

c. Por arrepentimiento del pecado. Hechos 2:3{

2. Dios da salvación únicamente por Jesucrist(

a. Jesucristo es el único Salvador. Hech(4:10-12; y 16:30-31.

b. Cristo es el único camino. Juan 14:6.

c. Cristo es el único mediador. 1 Timoteo 2:{

3. No hay salvación por otro medio o person{

a. No por las obras de la ley de Moisés. R(manos 3:20-22.

b. No por los ídolos ni por las imágenes. Ex(do 20:4-5; Isaías 44:9-18.

c. No por María, la madre terrenal de Jesu cristo. Hechos 4:12 y Lucas 1:46-48. Lejos d poder salvar a otras almas, ella misma tenía ne cesidad de un Salvador. Véase Juan 2:5.

PREGUNTAS PARA REPASAR

1. Descríbase la salvación dando dos citas.
2. Explique en tres punto cómo se alcanza.
3. ¿Quién ha provisto la salvación del alma? ¿Y por quiér
4. Apréndase de memoria 1 Timoteo 2:5.
5. ¿Hay salvación por las obras de la Ley de Moisés?
6. ¿Ayudan las imágenes e ídolos en la salvación del alma
7. ¿Puede María, madre de Jesús, salvarnos?

E. La Santidad

Dios Jehová es santo y requiere que sus hijo sean santos. 1 Pedro 1:15-16; Hebreos 12:14.

1. Santidad significa:

a. Limpieza de toda inmundicia. 2 Crónica 29:5 y 15.

b. Separación del pecado. 1 Tesalonicenses 4: y 2 Corintios 6:17.

c. Dedicación y consagración a Dios. Números 8:17.

2. La santidad se alcanza.

a. Por fe en la Palabra de Dios. Juan 17:17 y Efesios 5:26.

b. Por fe en la sangre de Jesucristo. Hebreos 10:10 y 29.

c. Por la obra del Espíritu Santo en la vida. 1 Pedro 1:2; Gálatas 5:16-25.

3. El tiempo en que se verifica la santidad es:

a. Inmediato: Al tiempo de la conversión. 1 Corintios 6:10-11.

b. Progresivo: En todo tiempo el creyente se esforzará en perfeccionar la santidad en su vida diaria. 2 Corintios 7:1.

PREGUNTAS PARA REPASAR

1. ¿Qué se entiende de 1 Pedro 1:15-16?
2. Dénse 3 puntos que expliquen la santidad.
3. ¿Cómo se alcanza la santidad?
4. ¿En qué dos tiempos se verifica la santidad?

F. La Oración

Orar a Dios es el privilegio y deber de toda persona. 1 Timoteo 2:8.

1. Es el acercamiento del alma a Dios en comunión espiritual. Hebreos 10:19-22; 4:16.

a. Para adorarle y alabarle por sus incontables bondades. Salmo 108:1-3; Filip. 4:6.

b. Para pedir a Dios para nuestra necesidad. 1 Juan 5:14; Juan 15:7 y Mateo 7:6.

c. Para interceder a favor de otras personas. Efesios 3:14-17; 1 Samuel 12:23.

2. La oración se hace a Dios:

a. En el nombre de Jesucristo. Juan 14:13-14.

b. En el poder del Espíritu Santo. Efesios 6:18; 1 Corintios 14:15 y Rom. 8:26.

c. Con el entendimiento. 1 Corintios 14:15.

PREGUNTAS PARA REPASAR

1. Describa la oración en relación al creyente.
2. Dé los tres puntos que muestran que el creyente debe acercarse a Dios en oración.
3. Dé los tres puntos que explican cómo se hace oración.

G. El Bautismo del Espíritu Santo

1. El bautismo en el Espíritu Santo no sólo fue para los apóstoles en el día de Pentecostés, sino también para toda persona que se convierta al Señor. Hechos 2:38-39 y Mateo 3:11.

2. Cada creyente en Jesucristo debe buscar con fe hasta recibir la prometida bendición. Lucas 24:49 y Hechos 1:4-5.

3. El bautismo en el Espíritu Santo se identifica por la señal inicial física de hablar en lenguas extrañas como el Espíritu Santo dé poder para expresarse. Hechos 2:4; 10:44 y Marcos 16:17-20.

4. El bautismo en el Espíritu Santo da poder para ser fiel testigo del Señor. Hechos 1:8; 4:31.

PREGUNTAS PARA REPASAR

1. ¿Para quiénes es el bautismo en el Espíritu Santo?
2. Dénse tres pasajes bíblicos que indiquen cuál fue la evidencia de haber recibido el bautismo en el Espíritu Santo.
3. ¿Cuál es el propósito especial del bautismo en el Espíritu Santo?

H. La Sanidad Divina

1. La sanidad divina es prometida en las Sagradas Escrituras. Marcos 16:18; Santiago 5:14-15.

2. Se ha provisto en la expiación del pecado la sanidad de las enfermedades siendo esto el privilegio de todo creyente. Isaías 53:4-5; 1 Pedro 2:24.

3. Cristo sanaba a los que a él acudían. Mateo 8:16-17.

4. Dios es nuestro Sanador. Exodo 15:26.

5. El don de Sanidad es impartido por el Espíritu Santo. 1 Corintios 12:9.

(Nota: No se censura al creyente que busca ayuda médica cuando a él le parezca que su fe no es suficiente para el milagro de sanidad. El punto principal es poner la confianza en Dios en todo caso de enfermedad.)

I. El Futuro Advenimiento de Cristo

La segunda venida de Cristo es la esperanza más bendita y alentadora para el creyente en todo tiempo. Tito 2:13.

1. Cristo vendrá para recibir su Iglesia, llevando consigo a los creyentes santificados que viven; y los creyentes muertos serán resucitados en un mismo momento para unirse todos a su Señor. 1 Tesalonicenses 4:15-17.

2. Después de este extraordinario acontecimiento descenderá el Señor con sus santos millares y salvará a su pueblo Israel y reinará por mil años sobre la tierra. Apocalipsis 20:4.

J. La Condenación Eterna

Después del milenio se efectuará la resurrección de los muertos incrédulos, siendo presentados delante del Gran Trono Blanco donde serán juzgados por sus malas obras, y después arrojados al lago de fuego. Apocalipsis 20:11-15; Mateo 25:41.

PREGUNTAS PARA REPASAR

1. ¿En qué dos versículos se encuentran las promesas de sanidad divina?
2. ¿Sobre qué base reposa nuestra fe en la sanidad divina?
3. ¿Qué nos enseña Exodo 15:26?
4. ¿Es correcto censurar al hermano que busca ayuda médica?
5. ¿Cómo se verifica el arrebatamiento de la Iglesia?
6. ¿Qué gran cambio se efectuará sobre la tierra después de la venida de Cristo?
7. ¿Cuándo serán resucitados los muertos incrédulos y cuál será su fin?

ARTICULO III

DE LOS SACRAMENTOS Y LAS CEREMONIAS

Los Sacramentos son dos: El Bautismo en agua y la Santa Cena.

A. El Bautismo en Agua por Inmersión

1. Es un tipo, o figura, de la muerte del "hombre viejo" y la resurrección del "hombre nuevo" para andar en "novedad de vida". Romanos 6:4-6; Efesios 4:22-24.

2. Se requiere un testimonio claro y sincero de fe en el Señor Jesucristo de parte del candidato para ser bautizado. Hechos 8:26-38; Colosenses 2:12. Esto explica por qué no se puede practicar este sacramento en un niño pequeño. El no podría dar un claro testimonio de su fe en Jesucristo.

3. El bautismo se hace en el nombre del Padre, del Hijo y del Espíritu Santo, en obediencia al mandato del Señor. Mateo 3:13-17; 28-19.

4. La palabra "bautizar", en el idioma de las Escrituras originales significa "inmersión" o "zambullir" y no meramente "rociar". Esto concuerda con la enseñanza de Romanos 6:3-4.

B. La Santa Cena del Señor

1. Este sacramento fue instituido por el Señor quien ordenó que se practicase hasta su segunda venida. Mateo 26:26-30 y 1 Corintios 11:23-31.

2. Los dos elementos de "pan" y "vino" representan el "cuerpo" y la "sangre" de Cristo.

a. Su cuerpo fue quebrantado cuando llevó nuestro pecado en la cruz.

b. La sangre establece el Nuevo Pacto o sea la promesa divina de vida eterna. 1 Corintios 11:24-25.

3. Es una "memoria" de la muerte de Jesús y de las promesas de su segunda venida. 1 Corintios 11:26.

4. Es el privilegio y el deber de todo creyente tomar parte en la Santa Cena porque es el símbolo de la participación de la naturaleza divina de Cristo. Juan 6:53-56; 2 Pedro 1:4.

5. Es requerido que el participante se examine primero a sí mismo para no tomar parte en estado indigno. 1 Corintios 11:28, 29.

(Nota: El creyente que se juzgue indigno de participar de la Santa Cena, antes de evitar de hacerlo, debe buscar el perdón del Señor y renovar su consagración y así tomar con toda la iglesia. Cumpliendo así en esta forma, la Santa Cena será un medio de levantar y mantener en alto la norma espiritual de la iglesia.)

PREGUNTAS PARA REPASAR

1. ¿Cuántos son los sacramentos?
2. ¿De qué es tipo el bautismo en agua?
3. ¿Qué se necesita de parte del candidato para ser bautizado?
4. ¿Por qué no bautizamos a niños pequeños?
5. ¿En qué nombre se hace el bautismo?
6. ¿Qué significa la palabra "bautizar"?
7. ¿Quién instituyó la Santa Cena?
8. Explique el significado de los dos elementos "pan y vino".
9. ¿Por qué es un privilegio y un deber del creyente tomar parte en la Santa Cena?
10. Después de examinarse a sí mismo, ¿qué debe hacer el creyente en cuanto a la Santa Cena?

Las Ceremonias son tres: La Presentación de Niños al Señor; La Solemnización del Matrimonio y la Sepultura de Muertos.

C. La Presentación de Niños al Señor

1. En esta ceremonia los padres evangélicos traen sus niños de tierna edad a la iglesia para presentarlos al Señor en un acto de gratitud y de consagración. Esto se hace por dos motivos:

a. Los padres manifiestan el deseo de que sus hijos crezcan bàjo la instrucción evangélica y que al llegar a la edad adecuada se entreguen al Señor; y

b. Los padres mismos harán solemne voto de mantener sus vidas en una alta norma de fidelidad al Señor para ser un ejemplo a sus niños.

2. Jesús concedió el hermoso privilegio de presentar a los niños a él cuando dijo: "Dejad a los niños venir a mí." Marcos 10:13-16.

a. Son una bendición del Señor. Salmo 127:3.

b. Son bendecidos del Señor cuando son dedicados a él. 1 Samuel 1:28.

D. La Solemnización del Matrimonio

1. El matrimonio fue instituido por Dios. Génesis 2:18-24.

2. El matrimonio fue confirmado por Cristo. Mateo 19:5-6; y Juan 2:1-2.

3. El matrimonio es del todo honroso y constituye una bendición cuando es contraído sinceramente. Hebreos 13:4 y Proverbios 18:22.

4. La costumbre evangélica de solemnizar la unión matrimonial en un culto a Dios, hace que se reconozca a Dios como dueño del nuevo hogar que será establecido, e indica también que los cónyuges desean su divina bendición.

(NOTA: La unión ilícita de las personas ha sido la causa del asombroso corrompimiento social, por lo tanto, todo cristiano verdadero deberá acatar y sumamente apreciar el sagrado deber del matrimonio. Nosotros en nuestras asambleas, solemnizamos los matrimonios que han sido legalizados por las respectivas autoridades civiles, siempre que dichos matrimonios hayan sido contraídos en conformidad de lo ordenado por Dios en las Sagradas Escrituras. Mateo 5:31-32.)

E. La Sepultura de Muertos

En la sepultura de los muertos los creyentes y amigos acompañarán a los dolientes en un culto en una sala convenida, en que la nota principal será: consolación y esperanza. Después les acompañarán al cementerio donde el pastor tomará la dirección en la ceremonia de la sepultura. Hechos 8:2.

PREGUNTAS PARA REPASAR

1. ¿Cuáles son las tres ceremonias?
2. ¿Cuáles son los dos motivos de presentar los niños al Señor?
3. ¿Dónde se encuentra el versículo que dice: "Dejad a los niños venir"?
4. ¿Por quién fue instituido el matrimonio y por quién fue confirmado?
5. ¿Cuál es la importancia del matrimonio evangélico?
6. ¿Qué gran mal ha sido causado por la unión ilícita de las personas?
7. ¿Cuál debe ser la nota principal en el culto que se celebra en la sepultura de muertos?

ARTICULO IV

DE LOS MIEMBROS

A. Las Condiciones Para Ser Miembro

1. Haber experimentado la salvación por fe en el Señor Jesucristo, confesando su propósito de seguirle hasta el fin. Romanos 10:9-10.

2. Estar debidamente casado. 1 Corintios 6:9; 7:2, 10 y 11; 1 Pedro 2:13 y Hebreos 13:4. (Queda sobreentendido que este requisito no se aplica a los solteros.)

3. Haber aceptado en cumplir en todas sus partes el presente Reglamento Local después de haberlo estudiado con cuidado.

4. Haber sido bautizado en agua. Mateo 28:19; Hechos 2:38.

5. También un creyente puede ser recibido por carta de recomendación extendida por la junta oficial de otra asamblea de la Conferencia.

(NOTA: Cuando se presenta un creyente de otra asamblea y no trae carta de recomendación, se recibirá como catecúmeno mientras se piden informes de su conducta.)

B. Los Deberes del Miembro

1. Llevar una vida consagrada al Señor, conservándose sin mancha de este mundo. 2 Pedro 1:4-8; 1 Corintios 6:9-11.

2. Aprender cómo llevar almas a Cristo. Hechos 8:4.

3. Honrar, respetar y sostener debidamente a su pastor. 1 Tesalonicenses 5:12-13; Hebreos 13:17 y 1 Corintios 9:12-14.

4. Sostener la obra de Dios con sus diezmos y ofrendas. Malaquías 3:10 y Mateo 23:23.

5. Asistir a los cultos y a la Escuela Dominical con puntualidad y constancia. Hebreos 10:25.

6. Consagrar el día domingo al servicio del Señor. Génesis 2:2-3 y Hechos 20:7.

7. Es altamente recomendable que se establezca el culto familiar en cada hogar evangélico.

8. Hacer lo posible por fomentar la debida reverencia en la casa de Dios por:

a. Abstenerse de conversar en el culto.

b. No estar saliendo y entrando a la sala durante el culto.

c. Hacer que los niños estén con sus padres en el culto y que éstos eviten que sus niños corran o jueguen dentro del templo.

d. Cuidar del aseo personal y el de los niños para ir al culto.

9. Votar en las varias sesiones de negocios generales de la Iglesia, pidiendo al Señor la dirección en sus decisiones.

C. Los Privilegios del Miembro

1. El pastor se esforzará para administrarle el mensaje puro de la Palabra de Dios. Hechos

20:27-28; lo cual es de valor imprescindible para el bien del alma, mayormente cuando hay tantas doctrinas falsas y perniciosas en el mundo.

2. Será visitado con frecuencia por su pastor.

3. Tomar parte en las actividades de la iglesia.

4. Participar en la Santa Cena. 1 Corintios 11:23-31.

5. Podrá ser nombrado para llenar uno de los puestos oficiales de la asamblea, si llena los requisitos necesarios. 1 Timoteo 3:8-13.

6. Recibir licencia de obrero local para ayudar en el ministerio de los campos blancos.

7. Recibir tarjeta de comunión cristiana como miembro de una asamblea local de la Conferencia Evangélica de las Asambleas de Dios. Hechos 18:27.

D. La Responsabilidad del Miembro para con los Demás Miembros

1. Visitar a los enfermos, socorrer a los necesitados, consolar a los tristes y esforzarse por guardar la buena armonía entre todos. 1 Tes. 5:14; Hebreos 12:14; Santiago 1:27; Mateo 25:35-40.

2. Orar por el hermano que se vea cometer una falta. 1 Juan 5:16 y 1 Tes. 5:15.

3. Apartarse de todo aquél que fomenta disensiones y divisiones. Romanos 16:17; 2 Tes. 3;6, 7 y 13-15.

E. La Responsabilidad con las Demás Personas

1. Llevar una vida fiel delante del mundo proveyendo así eficaz testimonio del poder y la gracia de Dios para regenerar al pecador. 1 Pedro 2:9, 12, 15; 1 Tes. 5:22, y Mateo 5:13-16.

2. Esforzarse para dar la Palabra de Dios a los inconversos y orar por ellos a fin de que ellos reciban salvación. 2 Corintios 5:18-19; 1 Tim. 2:1-7.

3. Amar a sus enemigos. Mateo 5:43-48.

PREGUNTAS PARA REPASAR

1. Nómbrense los cinco encabezamientos del Artículo IV, "De los miembros." (A. B. C. D. E.)
2. Dénse cuatro requisitos principales para ser recibido como miembro activo.
3. Explique cómo llevar un alma a Cristo.
4. ¿Cuál es la responsabilidad del miembro en cuanto al sostén financiero de la iglesia?
5. ¿Cómo se logra que los niños tengan reverencia en la casa de Dios?
6. Explique la responsabilidad del miembro de votar en las elecciones.
7. ¿Cuáles son los principales puntos en los privilegios del miembro?
8. Explique la responsabilidad del miembro hacia los demás miembros.
9. Explique la responsabilidad del miembro con los del mundo.

ARTICULO V
DE LA DISCIPLINA

Cuando ocurra que algún miembro fuere acusado de una falta de tal naturaleza que afecte la santa norma que la iglesia se esfuerza en mantener, el acusado será llamado ante la Comisión de Disciplina. Mateo 18:15-17 y 1 Corintios 6:1-5. Esta comisión de Disciplina estará compuesta de los miembros de la junta oficial. Si el caso lo requiere, se puede agregar uno o dos miembros de la iglesia. El propósito de esta Comisión será:

1. Corregir la falta. 2 Corintios 7:8-9.

2. Restaurar al culpable. Gálatas 6:1; **Mateo 6:14-15.**

3. Guardar el testimonio de la iglesia. 1 Timoteo 3:7.

4. Proteger a los demás miembros de la corrupción. 1 Corintios 5:6-7.

Reglas para Proceder contra el Acusado

1. Reunida la Comisión, comparecerá el acusado; debiéndose hacer esto sin demora.

2. Su falta será necesariamente comprobada por testigos de fe y verdad. 2 Corintios 13:1.

3. Si al citar al acusado, él no quisiere comparecer ante la Comisión, se le juzgará después de oír a los testigos. 1 Corintios 5:3.

4. La Comisión procurará descubrir toda la verdad del caso y si hallare culpable al acusado le exhortará al arrepentimiento con todo amor y gracia, para que quede de nuevo restaurado en el camino del Señor. 2 Corintios 2:7-8.

5. Si el acusado se humillare arrepintiéndose y pidiendo perdón a la iglesia en testimonio público, será perdonado. Mateo 6:14-15.

6. No se toman medidas disciplinarias como un castigo. El período de disciplina será impuesto según la gravedad de la falta cometida, primero, como medida para someter a prueba la sinceridad de su arrepentimiento; y segundo, para dar tiempo a que los demás miembros y los del mundo vean su restablecimiento en el Señor antes de permitirle otra vez todos los privilegios de la iglesia. (Véase como ilustración, María excluida del campamento de Israel. Números 12:1 y 14-15.)

7. Durante este tiempo de disciplina, el culpa-

ble será privado de todos los privilegios que corresponden a un miembro activo, pero su asistencia a los cultos será necesaria. El tiempo de prueba disciplinaria será de uno a tres meses conforme la Comisión lo juzgue necesario, excediendo este período solamente en casos excepcionales.

8. La recomendación de la Comisión de Disciplina, será presentada para su aprobación en la próxima sesión de la iglesia.

9. Si el culpable no se humillare ante Dios y la iglesia, confesando su pecado, será motivo suficiente para borrar su nombre del libro de la feligresía y si su asistencia a los cultos fuere motivo de escándalo, se le negará la entrada. 1 Corintios 5:13.

10. Si dicha persona, después de haber sido borrada de la feligresía se arrepintiere y deseare ser nuevamente admitida, deberá presentar a la junta oficial una solicitud por escrito.

11. El miembro que se ausentare intencionalmente de la iglesia, por el período de seis meses, retirando también sus ofrendas y diezmos, será expuesto a sufrir la cancelación de su feligresía.

PREGUNTAS PARA REPASAR

1. ¿De qué trata el artículo quinto?
2. ¿Quiénes compondrán la Comisión de Disciplina?
3. ¿Cuáles son los 4 propósitos que lleva la Comisión de Disciplina?
4. ¿De qué manera será comprobada la falta?
5. ¿Cuál es el propósito de someter a un período de prueba al culpable?
6. ¿Qué restricción sufrirá el culpable?

PACTO DE MIEMBRO

1. Confiando en la gracia de Dios seré siempre fiel a su bendita Palabra y a Jesucristo nuestro Salvador. Apocalipsis 2:10.

2. Seré fiel a los deberes cívicos de nuestra amada patria, pero sin inmiscuirme nunca en bandos políticos. Romanos 13:1-7.

"Sométase toda persona a las potestades superiores. Porque no hay potestad que no sea de Dios y las que hay, ordenadas son de Dios. El que resiste a la potestad, resiste a la ordenación de Dios; y los que resisten recibirán para sí condenación." Epístola de San Pablo a los Romanos, 13:1-2.

3. Cumpliré en todas sus partes el presente Reglamento. Juan 14:23-24.

4. Seré siempre leal a nuestra Conferencia en la unidad y armonía en conformidad con la Palabra de Dios. Romanos 16:17-18.

ARTICULO VI
DE LA JUNTA OFICIAL

La junta oficial trabajará para el buen funcionamiento de todas las actividades de la iglesia y para su desarrollo espiritual. También verá por la provisión de su sala y demás propiedades y útiles necesarios. Hechos 6:3; Tito 1:5 y Efesios 4:11-14.

1. Los constituyentes serán: el pastor y tres a siete diáconos, según sea la iglesia grande o pequeña.

a. Se nombrará de entre éstos un secretario y un tesorero.

b. El pastor es presidente de toda la sesión de la junta oficial, salvo las sesiones anuales en que se trata la elección del pastor, en cuyo caso, se depositará la presidencia en el primer diácono o en uno de los presbíteros o ejecutivos, si estuvieren presentes.

2. El pastor será elegido (o reelegido) de año en año; y en la misma forma se procederá con los demás miembros de la junta oficial.

El diácono será reconocido por su firmeza y consagración en la obra del Señor, teniendo cuando menos, un año como miembro en propiedad de su asamblea antes de poder ser elegido a este puesto. 1 Tim. 3:8-13.

3. La responsabilidad de la junta oficial:

a. El pastor verá por la fiel administración de la Palabra de Dios en los distintos cultos y tendrá a su cargo la dirección de las actividades de la iglesia.

b. Los diáconos ayudarán al pastor en todas las actividades de la iglesia que les sean encomendadas. Estas incluirán:

1) Visitar a los miembros.

2) Formar parte de la Comisión de Disciplina.

3) Ver porque se mantenga en buen estado la propiedad.

4) Ver por la cumplida administración de los fondos de la iglesia.

5) En todo ver por el adelanto de la asamblea.

c. La junta oficial celebrará, cada mes, una sesión privada en la cual procurará:

1) Solucionar los asuntos pendientes de la igle-

sia, llevando las decisiones a la sesión general para su aprobación o desaprobación.

2) Se presentará el informe financiero.

3) Se levantarán actas de la sesión.

d. La junta oficial velará por el establecimiento de cultos, y si es posible la Escuela Dominical también, en los campos blancos y anexos a la iglesia en las comunidades circunvecinas.

e. La junta oficial, juntamente con el presbítero de distrito extenderá licencias de obrero local a los miembros aptos para ayudar al pastor a cuidar los campos blancos.

f. La junta oficial cooperará con el presbítero de distrito en los arreglos para las reuniones de Confraternidad.

4. Se elegirán las diaconisas de la misma manera que a los diáconos o de otro modo serán nombradas por la junta oficial. No habrá más de aquéllas que de éstos. Ellas ayudarán al pastor en lo que se les encomiende en las varias actividades de la iglesia. Estas incluirán:

a. Visitar a las hermanas y con especialidad a las enfermas.

b. Mantener el aseo y el ornato de la iglesia.

c. Formar parte en la Comisión de Disciplina cuando ésta las invite.

ARTICULO VII

DE LAS ORGANIZACIONES LOCALES

1. Habrá tres grupos organizados dentro del seno de la asamblea que son: La Escuela Dominical, los Embajadores de Cristo y el Concilio Misionero Femenino. Además se celebrarán cultos de niños.

a. Estos tres grupos tendrán sus funcionarios respectivos para su buen funcionamiento interno.

b. Trabajarán en plena armonía con el pastor, el cual es el sobreveedor en todas las actividades de la iglesia.

c. Podrán levantar ofrendas monetarias para sufragar los gastos de sus actividades.

(NOTA: Para conservar espacio no se ha incluido la explicación que corresponde a cada uno de estos tres grupos. M. L. H.)

PREGUNTAS PARA REPASAR

1. ¿Cuál es el primer propósito de la junta oficial?
2. ¿Quiénes serán los constituyentes?
3. ¿Por cuánto tiempo servirán los miembros de la junta oficial?
4. Diga todos los detalles que pueda sobre la responsabilidad de la junta oficial.
5. Diga unas actividades de las diaconisas.
6. Nombre las tres organizaciones que se establecerán en la iglesia y el culto especial.
7. Explique su relación con el pastor de la asamblea.

APENDICE "B"

UNA ENSEÑANZA BASICA PARA EL EVANGELISMO PERSONAL

Una de las llaves del éxito en el ministerio es la habilidad de un pastor para enseñar a sus miembros y prepararlos para que trabajen eficientemente en el evangelismo personal. Los diáconos, los maestros de la Escuela Dominical, los obreros laicos, y todos los miembros que tienen deseo de servir al Señor deben ser adiestrados en esta labor para que puedan ganar almas para Cristo y poder ayudar a los que deseen aceptarle. Se ha perdido mucho fruto en las grandes campañas evangelísticas cuando no se ha dado la debida atención a este aspecto de la obra. Un curso de evangelismo personal es recomendable. Aquí daremos solamente unos puntos básicos que ayudarán al pastor en la preparación de sus miembros para este trabajo, especialmente cuando contempla tener una campaña de evangelización.

Para los que buscan la salvación, el obrero debe:

1. Explicar que todos han pecado. Romanos 3:23.

2. Explicar que solamente en Cristo hay salvación. Efesios 2:8; Hechos 4:12.

3. Explicar que esta salvación se recibe por:
a. Confesión de pecados. 1 Juan 1:9. (Si es

posible, haga que el que busca la salvación lea estos versículos por sí mismo.)

b. Recibir a Cristo. Juan 1:12.

c. Confesar a Cristo delante del mundo. Romanos 10:9, 10.

4. Animar al que busca la salvación a:

a. Orar en sus propias palabras, pidiendo el perdón.

b. Dar gracias a Dios por la salvación por medio de la muerte de Cristo en la cruz. La alabanza a Dios es una manifestación activa de la fe.

c. Confesar su fe a los que están presentes y a sus familiares y amigos. Mateo 10:32, 33.

5. Aconsejarle a:

a. Leer la Biblia diariamente. Hechos 17:11.

b. Orar en privado todos los días. Lucas 11:1-13.

c. Asistir a las reuniones de la iglesia. Hebreos 10:25, y especialmente debe asistir a las clases para los nuevos convertidos.

d. No desanimarse si se siente tentado o si cae en pecado. 1 Juan 2:1.

Un obrero personal debe visitar a cada convertido nuevo en su casa a los pocos días de su conversión. Los primeros días son los más difíciles. Recordemos que es de tanta importancia ayudar a un convertido a perseverar como lo es llevarle a los pies de Cristo al principio.

Nos agradaría recibir noticias suyas.
Por favor, envíe sus comentarios sobre este libro
a la dirección que aparece a continuación.
Muchas gracias.

Editorial Vida
Vida@zondervan.com
www.editorialvida.com